观澜讲堂

GUANLAN
LECTURE
HALL

主编
黄娟 豆欢欢 李昀芮

副主编
齐宿娟

东华大学出版社·上海

图书在版编目（CIP）数据

观澜大讲堂 / 黄娟，豆欢欢，李昀芮主编 . —上海：东华大学出版社，2021.8
ISBN 978-7-5669-1953-3

I. ①观… II. ①黄… ②豆… ③李… III. ①人物—生平事迹—中国—现代 IV. ① K820.7

中国版本图书馆 CIP 数据核字（2021）第 158064 号

观澜大讲堂

黄娟　豆欢欢　李昀芮　主编

策　　划：	巴别塔工作室
责任编辑：	沈　衡
版式设计：	顾春春
封面设计：	903design

出版发行：东华大学出版社
社　　址：上海市延安西路 1882 号，200051
出版社官网：http://dhupress.dhu.edu.cn/
出版社邮箱：dhupress@dhu.edu.cn
淘宝店：http://dhupress.taobao.com
天猫旗舰店：http://dhdx.tmall.com
发行电话：021-62373056
营销中心：021-62193056　62373056　62379558
投稿及勘误信箱：83808989@qq.com

印　　刷：常熟大宏印刷有限公司
开　　本：710 mm×1000 mm　1/16
印　　张：10.25
字　　数：144 千字
版　　次：2021 年 8 月第 1 版　2022 年 11 月第 3 次印刷

ISBN 978-7-5669-1953-3
定价：50.00 元

前言
PREFACE

目前，新文科建设已成为我国高等教育着力推进的核心工作。2020年11月发布的《新文科宣言》，提出要坚持走中国特色的文科教育发展之路，构建世界水平、中国特色的文科人才培养体系。

前教育司司长吴岩指出，守正创新是新文科建设的必由之路。守正是指要遵循文科教育和人才培养基本规律，传承中华民族优秀传统文化；创新是指要推进融合创新，即与现代信息技术融合、与其他学科交叉融合、与相近专业集群融合。他进一步指出："没有守正，不知来路；没有创新，没有出路。"在此背景下，如何让当代大学生，尤其是文科类学生继承优秀传统文化和发扬优秀道德品质，实现各学科、相近专业的融合创新成为关注的焦点。

教育部最新颁布的《普通高等学校本科外国语言文学类专业教学指南》也提出："要进一步强化学科专业意识，强调能力、知识与人格塑造相结合的全人教育。"因此，以学科融合为基础，以知识整合为特征，以精神提升为目的，使学生成为具有广博视野、高尚情操、独立人格和负有责任感的社会公民是当代大学教育的重要目标。

在此背景下，针对文科类学生，尤其是外语类学生的通识教育，其重要性不言而喻。当今社会，由于信息技术和新媒体行业的高速发展，人们获取信息的速度快，信息量大，但碎片化的信息接收使得学生逐渐缺乏对传统文化、世界观、价值观等问题的深度思考和探索。

教育要有温度，有厚度，有广度。在大力发展新文科建设的背景下，为了实现应用型新文科专业人才的培养目标，提升学生通识文化底蕴，涵养人文情怀，本教材编写组选取了16个不同领域的代表人物，以故事的形式，讲述了他们忘我工作、乐于奉献、勇于创新、奋力拼搏的人生经历，为学生拓展视野、了解不同领域打开一扇窗。

书名《观澜大讲堂》，其中"观澜"一词源于《孟子·尽心上》中的"观水有术，必观其澜"。原文意为："观看水有一定的方法，一定要观看它壮阔的波澜。"观澜是一种尽心知命，追本溯源，了解根本的方法，从而达到一种所谓"君子志道"的更高境界。以此为名，希望本书能引领读者博闻强识，培养追根溯源之精神。

本书分为上下两篇，所涉领域广泛。上篇主题为自然科学，共涉及核物理、计算机、量子力学、通信工程等8个领域。下篇主题为社会人文，共涉及敦煌学、外交、法律、卫生、创业等8个领域。每个人物故事篇幅适宜，具有趣味性、启发性和知识性。

无论是程开甲隐姓埋名数十载为国防事业呕心沥血、爆破出第一颗原子弹，还是谢军凭借卓越才能实现北斗三号核心元件百分百国产化；无论是姚期智在计算机领域作出的巨大贡献，还是潘建伟在量子力学领域实现的巨大突破；无论是曹德旺在玻璃行业实现了菜鸟到龙头的涅槃，还是非遗继承人创新地传承优秀的传统文化，总有一个故事可以吸引你，总有一个故事可以触及你心底的柔软处，总有一个故事可以让你豁然开朗，醍醐灌顶！

在编写时，教材编写组成员认真研读通识教育体系相关文献，搜集大量信息后，确定出16个不同领域的典型代表人物。大家通过阅读传记文学、报告文学，观看人物采访节目和新闻报道等，最后沉淀出这些人物的精彩故事。本书前言和第5、7、8、9、15个故事由黄娟负责编写，第1、2、3、10、12、14个故事由豆欢欢负责编写，第4、6、11个故事由李昀芮负责编写，第13、16个故事由齐宿娟负责编写。虽然编写人员长期从事教学和文字工作，但学识和能力有限，错误在所难免，期盼读者不吝赐教。

最后，本书得以出版要感谢学校领导对该书的关心、支持、鼓励和指导，感谢杨江校长对本书编写的大力支持，沈光临副校长为我们提供的建设性意见，何晶晶副处长在编写过程中对我们的鼓励和帮助，另外还要感谢东华大学出版社的编辑沈衡先生以及负责校对和排版的所有老师为本书出版所付出的大量工作。

《观澜大讲堂》教材编写组

2021年6月20日

目录
CONTENTS

上篇　自然科学

核物理

他一声令下，"死亡之海"罗布泊的爆响让世界哗然　　3

黄沙百战穿金甲，甲光向日金鳞开！空投、平洞、竖井、朔风、野地、黄沙，戈壁寒暑成大器，于无声处起惊雷！他说："我所做的一切，都和祖国紧紧地联系在一起。"

一声军令，隐姓埋名四十载　　3
"死亡之海"罗布泊的爆响　　6
"我看到了中华民族的希望"　　8

计算机

他是清华"姚班"班主，引领中国"图灵"之路　　12

他是算法、密码学及量子计算领域名噪世界的国际权威，2000年荣膺图灵奖（计算机科学的最高奖，与诺贝尔奖齐名），是迄今唯一获此殊荣的华裔科学家；他创办的"姚班"模式被评价为世界上"最优秀的本科教育"，他是拔尖创新人才培养的领跑者。

传奇"图灵"，引无数科学家竞折腰　　12
性情学霸，平生最爱玩跨界　　14
竞赛大牛＋高考大神，"姚班"到底有多牛？　　16
做"姚班"班主任要有"三板斧"　　17

量子力学

最不喜欢量子力学，却意外成了"量子之父"   22

2016年8月16日，世界首颗量子科学实验卫星"墨子号"在酒泉卫星发射中心成功发射。中国在量子科学领域的发展，世界瞩目。而这一切的背后，却少不了一个人。他就是站在世界最前排，和宇宙对话，以先贤的名义，做前无古人之事的"量子之父"。

    为什么首颗量子卫星命名"墨子号"？   22
    "量子力学是我最不喜欢的课"   26
    五十知使命，要建百年老字号实验室   27

通信工程

仰望星空的"扫地僧"   31

你知道在地球上空，还有很多人造卫星组成的"星座"吗？虽然我们很难看到这些"星座"，但是它们却影响着我们的生活。茫茫大海中，船只不会迷失方向；无边无际的天空中，飞机能够选择最有效率的航线，这些都是它们的功劳。其中一个"星座"有一个浪漫的名字——北斗。

    北斗照亮梦想   31
    与北斗的不解之缘   34
    干掉这个"拦路虎"   35
    "一万减一等于零"   37

船舰制造

隐姓埋名三十载，六十花甲潜龙宫   41

自1958年加入到核潜艇设计工作以来，他一直在忙碌，父丧不归，母亲从63岁盼到93岁才见到他一面，此时他已62岁，双鬓染上白发。他默默无闻，名字很少被人提及，但是他所从事的事业却是如此轰轰烈烈。

"核潜艇，一万年也要搞出来！" 41

玩具模型泄露天机 42

"斤斤计较"保证核潜艇不翻、不沉、开得动 44

终于下水啦 44

花甲之年，亲潜龙宫 45

一腔报国心，养猪、设计两不误 47

航天工程

我倒下了，但是梦想在起飞 50

"五十载岁月，三十载追梦，梦未竟，人已逝，徒留战鹰呼啸以慰烈士英雄。"如果他没有离开，依然会，带吴钩，巡万里关山。你听见战机的呼啸了吗？那声音没有悲伤，只是为他而奏响！

少年立志，航空报国 50

恪尽职守，不负重托 51

做低调人，行高调事 54

国之重器，以命铸之 56

天文学

建造世界探索宇宙之窗的他到底有多牛？ 60

有人说，中国"天眼"，全球唯一，是世界探索宇宙的窗口。"天眼"的所在地——贵州，也因此成了地球上看得最远的地方。可是，在"天眼"建设之初，很多人都认为这是天方夜谭。无论从技术条件还是经济条件来看，这几乎是不可能完成的任务。一生逐梦、探索未知的他，毅然决然地付诸行动，将想法变成现实，倾其一生，直至病逝。

敢想就敢做 60

这个"大家伙"，应该在哪里安家？ 61

搞天文的科学家怎么啥都懂？	62
"观天巨眼"赶超其他国家20年	64
变身星辰，守护"天眼"	65

医学

新时代的"神农"尝百草   68

2015年，诺贝尔生理学或医学奖授予中国药学家屠呦呦和其他两位科学家，以表彰他们在寄生虫病治疗研究方面取得的成就。诺贝尔生理学或医学奖是中国医学界迄今为止获得的国际最高奖项，屠呦呦是中国首次获得诺贝尔奖的女科学家。她的获奖也改变了世界上许多人对中医药的排斥和偏见。

敢为众人之大不韪	68
呦呦鹿鸣，食野之蒿	69
成功青睐有准备的人	71
遥远东方的神药——青蒿素	71

下篇　社会人文

敦煌学

从青春到白发，是谁守护了这千年的历史与文化？   77

舍半生，给茫茫大漠。从未名湖到莫高窟，守住前辈的火，开辟明天的路。半个世纪的风沙，不是谁都经得起吹打。一腔爱，一洞画，一场文化苦旅，从青春到白发。心归处，是敦煌。

误打误撞进了个"很好玩"的专业	77
此生命定，一去是终生	79
如何让敦煌永生	80
相爱珞珈山，相守莫高窟	82

建筑

梁思成林徽因亲笔推荐的一代"国匠"   87

他被人封作"国匠",而自己却谦称只是一名清华"园丁"。在望百之年,他说"不敢懈怠",最大的心愿就是让人们能够"诗意地栖居在大地上"。

  熊熊战火点燃"人居"梦   87

  追随梁思成林徽因,走进建筑殿堂   88

  "楼房四合院"荣获联合国人居奖   90

外交

中国"铁娘子"叱咤政坛,一生未婚   96

她胸怀凌云之志,将国家和人民放在首位,为了实现理想,一生未婚。她优雅迷人,官至国务院副总理,在古稀之年潇洒"裸退",要做一个"快乐的单身汉"。

  中国"铁娘子"一战成名   96

  没有背景,也没有后台   99

  临危受命,抗击非典   101

  "救火队员"再战艾滋   101

  做一个"快乐的单身汉"   102

法律

精通多国语言的"国际公务员"   106

她是中国首位WTO上诉机构大法官,在国际舞台上,她用过硬的专业素质展示了中国的大国风采。她参与制定了我国多部外贸法,是对外开放法治建设的积极实践者,被国务院授予"改革先锋"称号。

  学外语要刷题吗?   106

  名副其实的"面霸"   108

  "早起的鸟儿"退而不休   110

卫生

从"杀鸡署长"到"世卫女掌门"   114

她是香港首位卫生署女署长,是首位出任联合国组织最高领导人的中国人,也是获中央表彰的100名改革开放杰出贡献对象中唯一的香港女性。她说她的任务是"推动人人享有健康"。

因为爱情走上从医路   114

沉着果敢的"杀鸡署长"   115

世卫组织的掌舵人   116

体育

爱逛街爱美甲的"长颈鹿"运动员   121

作为运动员,她是亚洲网坛第一位大满贯女子单打冠军得主,亚洲女单世界排名最高,迄今无人超越;作为一个普通人,她最爱逛街和美甲,她的育儿观刷爆全网,引起全网盛赞。

长颈鹿女孩:"以后我就要负责养家了!"   121

心有猛虎:"你为什么不为自己打呢?"   123

爱逛街爱美甲,享受网球带来的快乐   126

创业

从菜鸟到龙头的涅槃   129

他从水表玻璃起步,转行汽车玻璃,一手创办的福耀玻璃集团已成为中国第一大、世界第二大汽车玻璃制造商。如今,在中国,每三辆汽车中,有两辆都在用福耀的玻璃。在全世界,每四块汽车玻璃中,就有一块是福耀玻璃。

卖玻璃的赔不起一块汽车玻璃?   129

自断手臂是为何?   131

与美国商务部打官司,胳膊能拧过大腿吗?   133

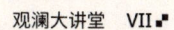

| 白白到手的钱为什么要还？ | 135 |
| 谁要是拿美国绿卡，谁就没有继承权 | 137 |

文化创新

他们个个身怀"独门绝技"　　　　　　　　　　**141**

他们身怀绝技，各显神通，用竹漂出水上人生，用面捏出万千形态，用蓝做出花花世界。他们以匠心守初心，以初心致创新，重新拾起我们遗失的美好。他们有一个共同的名字——非遗传承人。

"碧波仙子"水上飘	141
新潮95"面人郎"	143
传承守望"蓝痴汉"	145

参考文献　　　　　　　　　　149

上篇

自然科学

功勋奖章是对"两弹一星"精神的肯定，最高科学技术奖是对整个核武器事业和从事核武器事业团队的肯定。我们的核试验是研究所、基地所有参加者，有名的、无名的英雄们在弯弯曲曲的道路上一步一个脚印去完成的。

——"两弹一星"元勋程开甲

他一声令下，"死亡之海"罗布泊的爆响让世界哗然

> 【导读】
>
> 1945年8月，美国在日本广岛、长崎扔下两颗原子弹。
>
> 1949年8月，苏联第一颗原子弹爆炸。
>
> 1952年10月，英国进行第一次原子弹试验。
>
> 1952年10月，美国进行第一次氢弹试验。
>
> 1953年8月，苏联进行第一次氢弹试验……
>
> 当时，中国正在进行艰苦卓绝的抗美援朝战争，饱受战争之痛的新中国非常渴望和平。然而出任"联合国军"总司令的麦克阿瑟叫嚣着要把原子弹投到中国来，美国的参谋长联席会议甚至就原子弹的投放数量、目标地区等提出了具体建议。
>
> 毛主席说："原子弹就那么大的东西，没有那东西，人家就说你不算数。那么好吧，我们就搞一点吧！"

一声军令，隐姓埋名四十载

想赢得和平，就必须有强大的国防。研制原子弹，保家卫国，成为中国政治家和科学家的共识。然而中国最初研制原子弹的困难，是后人无法想象的。

在那个外交风云变幻莫测的年代，世界有核国家对原子弹技术都采取了最严格的军事保密措施。美国科学家卢森堡夫妇因泄露了一点机密，被电刑处死。为打造中国国防呕心沥血的聂荣臻元帅，去苏联参观时，只允许在厂房和车间外参观。苏联派来的技术顾问，大多也是"不念经的哑巴和尚"。

想要搞出原子弹，全世界买不到资料，买不到所需的仪器设备。咱们只能自立更生，艰苦奋斗，走一条"自己研究，自己试验，自己设计，自己制造，自己装备"

的道路。

"开甲同志,北京有一项重要的工作借调你去。你回家做些准备,明天就去报到。"1960年夏的一天,南京大学校长郭影秋递给程开甲一张写有地址的纸条。

找谁?做什么?要去多久?这些问题程开甲都不知道,但他也没问。他从校长严肃凝重的表情中知道这项任务非同一般。他回家简单收拾了几件衣物,乘坐第二天的火车赶到北京,按照地址找去,到了才发现这是家煤炭单位,人家压根不知道有这回事。他问了一大圈,打了好几个电话,才找到北京城郊的第二机械工业部第九研究所(核武器研究所)。

"要你来,是搞原子弹的。"没有多余的废话,程开甲知道这是国家最高机密,不多问,直接服从国家安排,从此隐姓埋名四十载。

根据分工,程开甲分管核武器材料状态方程的理论研究和爆轰物理研究。当时也没有强大的计算机,于是他没日没夜地在脑子里盘算着数据和公式。有一次排队买饭,他把饭票递过去,头也不抬,"我给你个数据,你验算一下",这让打饭的师傅不知所措。还有一次,他刚往嘴里扒了两口饭,突然把筷子倒过来,蘸着菜汤,就在桌子上写公式。

早日研发出原子弹，中国人的腰杆子才能挺起来。科学家脑子里始终绷着这根弦。当时几个年轻人，负责研究高温高压下的物质性质，陷入了困境。为了重新点燃几个年轻人的斗志，增强科研实力，加快工作进度，程开甲和年轻人耐心交流，询问他们的学习和研究情况，终于找到了问题的症结，原来是这几个年轻人缺乏扎实的基础知识。于是，他就对年轻的科学家们开展系统的课程讲授和悉心的工作指导，手把手教会他们查阅文献资料，带他们复习热力学和统计物理知识。

在这种创新拼搏的氛围下，大家都憋着一口气，要早日掌握原子弹技术。为此，科学家们自己约束自己，向党中央立了一条"两年规划"军令状，在1965年上半年引爆我国第一颗原子弹。

"很好，照办。要大力协同做好这件工作。"毛泽东的批示，意味着中国第一颗原子弹爆炸试验正式进入倒计时。那么，谁来组建新队伍？谁来牵头中国第一颗原子弹爆炸试验呢？

对于科学家来说，要跨界到新的领域进行创新，而且还要取得成果，是非常有挑战性的。但程开甲不怕。1962年，他放弃理论研究，转向"核试验技术"。他说："我的目标是一切为了祖国的需要，'人生的价值在于贡献'是我的信念。"勇于担当的程开甲成为中国第一颗原子弹爆炸试验的最高技术负责人。

不过，有那么一段时间，他就是个"光杆司令"。眼看着"两年规划"越来越近，他就像一个不知疲倦的陀螺，一个月内，参加了近200个会议。他主抓的45个研究项目、96个科研课题，涉及北京、上海、天津、西安、长春、哈尔滨、石家庄等14个城市的40多个科研院、几百个型号设备的生产厂家。为了确保每个参与单位都能按照进度表的时间节点完成任务，他走遍了全国几十个科研院所和各军的科研队伍。就这样，经过一年多的全国大会战，程开甲组织指挥的研究项目全部圆满完成，仅独立自主研制的设备就达1700多套。

"死亡之海"罗布泊的爆响

罗布泊（Lop Nor）[1]，位于中国新疆塔里木盆地东部，在塔克拉玛干沙漠的最东缘，形状宛如人耳，也叫"地球之耳"。这里是世界上著名的干旱中心，在成为中国核试验场区之前，这里寸草不生，飞禽绝迹，几乎找不到生命的踪迹，所以又被人称为"死亡之海"。

但是，张蕴钰司令带领一批建设者，在这里秘密施工，为祖国架设分娩核盾牌的"产床"，孕育中国自强的生命希望。

张蕴钰是参加过淮海战役、渡江战役、上甘岭战役的指挥员。他与科学家程开甲第一次见面，就给予他绝对的信任和支持："原子弹响不响，是你的事；其他的，都是我的事。"

为了让原子弹能爆响，程开甲在这片不毛之地上，常常夜不能寐，因为他的每个决策都可能影响到核试验的成功。经过反复测量、推算，最终在罗布泊确定了原子弹的爆心位置，确定了原子弹爆炸和各类仪器设备的主控站和分控站，还有各种测量站、照相站，各军兵种的试验工程位置。经过昼夜不停的秘密施工，1964年6月26日，一座高102米的铁塔[2]拔地而起，准备迎接崭新的明天。

原子弹爆炸"零"时，最后定在1964年10月16日下午15时。

10月14日19时20分，中国首颗原子弹被平稳地吊上塔顶。从这一刻起，程开甲的心随着这颗原子弹，悬在空中。核试验是不可逆的一次性试验，千钧一发。即使全部调试工作演练了无数次，仪器设备也检查了无数遍，程开甲还是放心不下，因为他不仅要考虑爆炸是否成功，还要考虑爆炸后，放射性尘埃该怎么处理的问题。

焦灼中，时间来到了10月16日下午。当"10，9，8，7……"的读秒数开启，每个人都屏住了呼吸。"起爆！"只听一声爆响，蘑菇云腾空升起。

"我们成功啦！原子弹爆炸成功啦！"

"是不是真的核爆炸？"周恩来在电话那头焦急地问。

在场的专家都认为是核爆炸,可一时无法提供准确的科学证据。直到一声声"报告""报告",一份份数据汇总到程开甲手里,他带着专家组对各类测试数据综合分析,写了一份详细的文字报告,呈报周总理,认定核爆炸成功!

当晚,周恩来总理就在北京人民大会堂郑重地向外界宣布:"在我国西部地区爆炸了一颗原子弹,中国成功地进行了第一次核试验!"

世界一片哗然。

中国人民激情高昂,毛泽东主席接连两次作出重要指示:"原子弹要有,氢弹也要快!"

程开甲不负国家重托,1967年6月17日,在罗布泊爆炸了中国第一颗自主研制的氢弹。外媒不可思议地报道:"没有哪个国家进展得有这样快。法国爆炸第一颗原子弹比中国早4年,但仍然没有试验氢弹。"

为什么面对强国封锁,一穷二白的中国科学家能够先人一步呢?苟利国家生死已,因为中国人有志气,为了获得一手数据,程开甲常常不顾核辐射,多次"深入虎穴",爬进测试廊道、测试间,甚至是危险的爆心。

【知识链接】

[1] 罗布泊的爆响

1964年10月16日,中国在罗布泊地区成功试爆第一枚原子弹。

1967年6月17日,中国第一颗氢弹在罗布泊爆炸成功。

1964—1996年,罗布泊一共进行了45次核试验。

从爆炸第一颗原子弹到爆炸第一颗氢弹,美国用时7年4个月,法国用了8年6个月,英国用了4年7个月,苏联用了4年,而中国仅用了2年8个月。

[2] 空爆?还是塔爆?

当时有人扬言,给中国一颗原子弹,他们也弄不响。

中国开展核试验，最大的难点就是不知道爆炸的具体过程。仅有的信息，有核国家都是采用大气层核试验的，试验多数是在30公里以下的空中和地（水）面进行，这样做便于获取冲击波、光辐射、核辐射方面的试验资料。中国该怎么放核装置呢？

很多人都主张采取苏联专家的建议，用飞机或火箭运载、气球吊升的方法将核装置送到预定高度，采取空爆。但是程开甲在谨慎地研究、分析和论证后，认为如果采取空投的方式，根据当时的技术条件，很难瞄准落点，这不利于数据收集；另外以空投的方式做试验，投弹飞机能不能安全返航，也是个问题；再加上空投试验容易泄密，有损国家利益。

综合以上情况，程开甲掷地有声地说，做研究就不能迷信权威，要摆脱条条框框的限制。就这样，最终确定了我国第一颗原子弹爆炸试验采取静态方式的塔爆，也就是把原子弹放在铁塔上进行爆炸试验。

"我看到了中华民族的希望"

程开甲这份为科学、为祖国献身的勇气来自哪里？故事还要从他的大学时代说起。

1937年盛夏，程开甲和他的同学从秀州中学毕业，大家相约报考大学。可就在这时，七七事变爆发了。他们中有些同学弃笔从戎，但程开甲认定要救国就要有本事，要有本事就要读大学。可是在战乱的中国，考大学的考场却设在上海的外国租界，坐在考场上的复杂感受，令他一辈子刻骨铭心。

秋天，程开甲如愿考入浙江大学物理系，在束星北、王淦昌、陈建功和苏步青等大师严格的科学精神训练下，"打下了坚实的功底，学到了勇于探索、勇于创新、献身科学的精神"。

事实上，程开甲的大学四年并不轻松，当时中华之大，却找不到一个可以安放书桌的地方。1937年至1941年，浙江大学四处流亡办学。1939年，日军飞机以浙江大学为目标，出动飞机18架，投掷炸弹118枚。

轰炸过后，浙大师生更加窘迫，不过学生们却能苦中作乐，吃饭讲究"蜻蜓点水"和"逢六进一"。比如说，吃豆腐只能用筷子尖蘸一下，这叫"蜻蜓点水"。吃六口饭才能吃一口菜，这叫"逢六进一"。

宝剑锋从磨砺出，程开甲在笔记本上郑重地写下："中国挨打原因：科技落后。拯救中国药方：科学救国。"当他以优异成绩完成学业时，中国的半壁江山都被日军占领了。毕业回老家要途经沦陷区，每过一个关卡，就要对日本兵鞠一躬。看到中国人在自己的国土上受侵略者刁难，程开甲更加坚定了用科学拯救中国的信念。此时，他萌生了出国学习先进科学的念头。

1946年8月，程开甲到了英国，求学于著名的爱丁堡大学。英国是"自然科学家的摇篮"，但这里的先进文化却不包容中国人。租房子时，房东有空房子也不会租给他，即使愿意租房给他，那也不是好房间。

有一次，他和两名英国人乘坐电车，只见那两人看了他一眼说："最讨厌奶油面孔的人。"更让程开甲感到屈辱的是，有一天，他和几个中国留学生去海边游玩，他们刚一下水，就有英国人过来指责他们把海水弄脏了。

正是这种寄人篱下的屈辱苦闷，激发了他奋发图强的志气和决心。1948年，程开甲取得爱丁堡大学博士学位，随后又在英国皇家化学工业研究所担任研究员，拿到了750镑年薪的优厚待遇。一想起在国内含辛茹苦抚养孩子的妻子，他就很内疚。第一次发薪水，他想给妻子买件大衣，谁曾想结账时，店老板就是不相信他能买得起衣服，甚至专门打电话去银行查询他的支票。这件事，再次深深刺痛了程开甲的自尊心。

直到1949年，程开甲在报纸上看到中国炮击了英国军舰"紫石英"的新闻，他回忆说，那天走路腰杆都挺得比以往直，终于出了口气，"我看到了中华民族的希望"。

1950年,他不顾恩师盛情挽留,一定要回到一穷二白的祖国。少时科学救国、科学强国的誓言犹在耳边。从此,国家一声号令,他便无怨无悔,"隐姓埋名","忠诚奉献,科技报国"。在戈壁滩的20多年,他先后主持了30多次核试验,是当之无愧的"中国核司令"。

几十年后,当有人问他为何一定要作出回国的决定时,他感慨道,如果不回国,在国外最多是一个二等公民身份的科学家,绝不会有幸福。"我所做的一切,都和祖国紧紧地联系在一起。"

【通识日课】

1. 请简述原子弹爆炸成功对中国的重要意义。

2. 相较于程开甲所处的时代,现在的学习环境非常优越,但有些学生却没有学习的动力,请你分析其中的原因。

我认为做事情要一样一样来，每做一件事一定要打造出一个品牌，有令人惊艳的成果。从这个角度看，我回国后做了两件事：在教育上，推出"姚班"成为一个优秀的教育品牌；在科研上，过去6年里，我们建设完成的量子计算机实验室，则是一个世界瞩目的尖端科研品牌。

——图灵奖得主姚期智

他是清华"姚班"班主,引领中国"图灵"之路

【导读】

2000年,被誉为计算及科学的最高奖,与诺贝尔齐名的图灵奖,历史上首次颁发给一位华裔科学家。

2005年,江湖上流传一句话,"半国英才聚清华,清华精英在姚班",而他就是赫赫有名的班主任。

他说,只有培养出更多的人才,中国在关键领域、关键技术上才不会被人卡脖子。

他就是带领中国计算机科学登顶"图灵"的科学家——姚期智。

传奇"图灵",引无数科学家竞折腰

图灵奖被誉为"计算机领域的诺贝尔",可是真正发明计算机的是美国人冯·诺依曼。为什么美国计算机协会不用冯·诺依曼来命名,反而要用英国科学家图灵(1912—1954)来命名呢?

图灵,一生非常传奇,是很多技术大拿的膜拜偶像。甚至有些人猜想,大名鼎鼎的苹果公司,就是为了纪念图灵,才用被咬了一口的苹果作为标志。为什么这么说呢?42岁那年,图灵被发现死在床上,他的床头放了一个被咬了一口的苹果,后来这只苹果被化验出剧毒氰化钾。

图灵非常聪明,是个超级大学霸,他也是剑桥大学历史上最年轻的讲师。据说,聘任他的时候,剑桥大学还特意放了半天假来纪念这个历史性的时刻。你可能觉得科学家都是学霸,智商很高,不足为奇。但像图灵这样,能够改变人类文明走向的人就凤毛麟角了。

其中，他最了不起的贡献就是发明了著名的图灵机。我们今天在电脑上敲键盘，在手机上滑屏幕，这些机器其实都是在图灵机的原型上发展起来的。事实上，图灵机不是一台机器，而是一个理论模型构想。提出这个伟大构想的时候，图灵只有24岁，而且这个构想还不是他深思熟虑的结果，仅仅是他众多思想中的一个思维片段，因为这个构想就藏在他的一篇论文中的脚注里。前文提到的计算机发明家冯·诺依曼都说，他的思想来源于图灵，他只是计算机的助产士而已。这也是大家用图灵的名字来命名这个重要奖项的原因。

大家都知道现在的机器读写采用的是二进制。可在漫长的人类历史里，我们采用的都是十进制，要想打破这一个惯性，得需要发挥多大的想象力啊！

图灵的思考非常超前，1950年，他发表了《计算机器与智能》和《机器能思考吗？》两篇论文，讨论机器的智能问题，而这个思想也为图灵赢得了一顶桂冠——"人工智能之父"。除此之外，他还设计了著名的"图灵测试"[1]，直到今天，人们要想判断一个机器是不是智能，还得用它来检测。所以说，图灵不仅仅是计算机之父，他还是人工智能之父。

为了纪念这位神人，美国计算机协会(ACM)于1966年设立了"图灵奖"，目的就是奖励那些真正对计算机事业作出重要贡献的个人，所以这个奖的评选程序极其严格，获奖条件也极高。能够获得此奖的人，就足以证明他在计算机领域的江湖地位。截止到目前（2021年），只有一位华裔科学家摘得此奖项，他就是姚期智。

【知识链接】

[1] 阿兰·麦席森·图灵在1950年写了一篇论文《计算机器与智能》，设计出"图灵测试"。内容是：如果电脑能在5分钟内回答由人类测试者提出的一系列问题，且其超过30%的回答让测试者误认为是人类所答，则电脑通过测试。

聪明的读者，请猜一猜，苹果手机的智能化机器人Siri能不能通过图灵测试呢？

性情学霸，平生最爱玩跨界

1957 年，杨振宁和李政道一起获得了诺贝尔物理学奖，那年杨振宁只有 35 岁，他成为了无数学子心中的灯塔和楷模，姚期智就是当中的一枚小迷弟。

姚期智服完兵役后，就跟随偶像，在台湾大学攻读物理学，随后又赴美留学。26 岁，他就获得了哈佛大学物理学博士学位，未来的道路可谓宽阔明亮，在物理领域大放异彩也指日可待。

然而，一场"意外"却让姚期智放弃了物理学。1970 年，中国同学会组织哈佛男生和麻省理工学院的女生野餐。在这场聚会上，他邂逅了当时正在麻省理工计算机系攻读博士学位的储枫，两人相见恨晚，相谈甚欢。

1971 年，两人喜结连理，携手走在科学研究领域的道路上，被人笑称"夫妻店"。是妻子储枫，激发了姚期智学习计算机的好奇和热情，虽然外界都不看好这个方兴未艾的领域，但是姚期智认真权衡后，果断放弃了可以大展拳脚的物理领域，投身到计算机领域。

"我认为这个选择是对的。"在伊利诺大学计算机系的三年里，姚期智如饥似渴，如痴如醉，修完了所有的计算机课程，并在 29 岁那年取得了计算机科学的博士学位。

大胆、果断，听从内心的声音，在以后的历次选择中不断得到见证。毕业后，他再次"转行跨界"，出任麻省理工数学系的助理教授，并且在数学领域里做出了有目共睹的成绩：41 岁时，他获得了每 4 年才颁奖 1 次的数学界世界级大奖——波里亚奖。

"吃到第一块冰淇淋的时候，看到第一块巧克力包装的五颜六色的糖纸的时候，我可以记得我当时心里面的反应。"正是保持着这种孩子般的天真和热情，他追随兴趣，爱跨界，但拒绝玩票。

直到十多年后，他才做回"专业对口"的工作——从事计算机的教学和科研工作，并先后在斯坦福大学、加州大学伯克利分校、普林斯顿大学等世界顶尖级学府任教，也踏上了不可复制的传奇之旅，拿奖拿到手软。45岁，获得古根海姆奖；50岁，获得高德纳奖（计算机科学界世界级杰出贡献奖）；54岁，荣获图灵奖。

不过有人却说，姚期智在计算机领域的成功，运气成分占比很大，充满了偶然性。要不是遇见读计算机的储枫，会有今天载誉满满的姚期智吗？

他公开回应这种质疑："图灵奖和储枫是我的最爱。"在做客《人民日报》"大咖有话"栏目时，他说他非常感激幸运之神给他带来的眷顾。他还说人如果想要做出一番事业，"中间有一个必然的因素，就是你的性格和向上之心"。他谦逊地说道："我的本性是只胆小的狮子，只是在陌生的领域面前，那一刻鼓足了勇气。"凭借这份向上之心和全力以赴，姚期智成为计算机领域的国际顶尖学者，也是研究量子计算与通讯的先驱。

功成名就的姚期智，在世界顶尖学府普林斯顿大学有一份令人羡慕的终身教职，在国外有着优渥的科研环境和生活环境。但爱国情结始终魂牵梦绕，割舍不下。

于是，2003年的冬天，他和自己的学术偶像杨振宁进行了一番交谈。一周后，他就作出了回国加盟清华大学的决定。他异常迅速地把普林斯顿的房子卖掉，辞掉工作。"回中国，永远地。"他对学生说。

这只胆小的狮子在58岁时又作了一个勇敢的决定。只是这一次，他"获得的心理上的满足感不一样"。

曾为哈佛校友，现任清华大学高等研究中心主任的聂华桐这样评价姚期智[2]："他能在看准目标后，抓住机会，作出明快的决定，然后全力以赴。"

【知识链接】

[2] 姚期智的研究方向包括计算理论及其在密码学和量子计算中的应用，他在以下三方面作出了突出贡献：

（1）创建理论计算机科学的重要次领域：通讯复杂性和伪随机数生成计算理论。

（2）奠定现代密码学基础，在基于复杂性的密码学和安全形式化方法方面有根本性贡献。

（3）解决线路复杂性、计算几何、数据结构及量子计算等领域的开放性问题并建立全新典范。

1993年，他最先提出量子通信复杂性，基本上完成了量子计算机的理论基础。

1995年，他又提出分布式量子计算模式，成为分布式量子算法和量子通讯协议安全性的基础。

竞赛大牛+高考大神，"姚班"到底有多牛？

江湖上流传一句话，"半国英才聚清华，清华精英在姚班"。人们心中有一箩筐的疑问，清华"姚班"到底是个什么样的神秘组织？怎样才能加入"姚班"？"姚班"的学生毕业都去哪儿了呢？

那就先来看看"姚班"的真面目。"姚班"的全称是"清华学堂计算机科学实验班"，是姚期智2005年回国后，一手筹建的。经过十几年的辛苦耕耘，在2018年的全球大学排名中，清华"姚班"已经取代了麻省理工，成为全球计算机科学专业的NO.1。

"姚班"的设置堪属国内"顶配"。开设的25门专业课，采用全英文授课，所有学生本科阶段都要赴海外著名高校交流学习。"姚班"还会根据学生特点，因材施教，量身定制他们的研究领域。图灵奖得主、美国康奈尔大学约翰·霍普克罗夫特（John Hopcroft）评价说："这里拥有最优秀的本科生和最优秀的本科教育。"

配置这般强大，怎么成为"姚班"一员呢？其实，"姚班"的学生大多数是从清华大学和北京大学的英才班选拔来的，高考录取比例非常低。就拿2018年来说，在50位"姚班"学生中，数学奥赛选手有13位（其中3人来自国家队），信息竞赛选手有26位（3人来自国家队，2人是理科状元），全班只有6位高考裸考生。

2019年有1位高考裸考生，是位理科女状元，高考裸分711！

既然班级配置高，学生基础很好，那么经历四年学习后，"姚班"的学生去哪里了呢？公开资料显示，一般情况下，"姚班"毕业生会继续深造，他们可以去世界上任何一所顶尖的大学或研究院，继续攀登计算机学术领域的高峰。当然也有人选择自主创业，这些公司的估值都是上亿元起步，"技术是第一生产力"这话一点不虚。

2018年，"姚班"首届学生迎来了毕业10周年。首届学生楼天城，被誉为中国大学生计算机编程第一人，被程序员圈子封为"教主"；"姚班三杰"印奇、唐文斌、杨沐创业打造的AI独角兽旷视科技，成为AI第一股；吴佳俊本科期间便有多篇论文发表于世界顶级会议与期刊，是世界顶级计算机视觉会议CVPR2014的审稿人，2020年作为助理教授正式入职斯坦福大学；王君行2014年荣获ACM计算经济学国际学术大会最佳学生论文奖，他是全球第一个在本科阶段取得该荣誉的学生，也是历史上首位获得此项荣誉的中国学生；马腾宇在普林斯顿大学读博时，就已经在国际顶级会议和期刊上发表了高质量论文近20篇……

做"姚班"班主任要有"三板斧"

有人曾质疑姚期智等国际顶尖人才，说他们回国就是为了"养老"。但是姚期智用实际行动证明，他是如何以一己之力挽狂澜于既倒的。从无到有，从零开始创办"姚班"并不是一件容易的事。开办一个实验班，它不仅需要到处协调行政管理资源，而且需要做教学管理革新，还需要有响当当的成果。如果这叫"养老"，那可真不轻松。

时光倒流至2004年，当时国内科学界在"算法、数据、计算"这三个领域里的研究还是一片空白，而这三项核心技术又是抢占未来人工智能的核心。只有培养出更多的人才，中国在关键领域、关键技术上才不会被人卡脖子。基于这样的深谋远虑，2005年，姚期智在清华大学筹建了"清华学堂计算机科学实验班"（大名鼎鼎的"姚班"），他亲自担任班主任。

"培育人才是大学的基本使命，办好本科生教育更是一流大学的重要标杆。"道理都知道，但是真的要实现它，还需要下笨功夫、苦功夫，需要有"结硬寨打呆仗"的精神。姚期智借鉴国外顶尖高等院校和研究院的一些先进经验，亲自设计人才培养方案，梳理每一门课程的培养方案、教学计划和课程设计。他还在繁重的行政任务和科研任务之外，承担了多门本科生的基础课程。

有一次，姚期智给大一新生上课，提到了一个在计算机系统里面非常有名的问题。没想到，有位同学当场就提出了解决方法，答案不仅正确而且方法简单。姚期智说："这个方法应该是当初那些非常有名的计算机科学家才会想到的。"但是，清华一年级的学生却可以当场把问题解决。"世界上不会有任何一个地方能够有这么高质量的学生"，姚期智在美国最著名的大学里，也问过同样的问题，但"只有我们中国学生做到了"。

恰恰因为学生非常优秀，所以做这样一群超级学霸的班主任更不容易。在这十几年的教学中，姚期智打造了属于自己的"三板斧"。

第一板斧就是抓教学，站好讲台。堂堂中国科学院院士，他给大一学生开设的"计算机应用数学"课程，课程讲义和练习题都是亲自编写。姚期智的助教接受采访时说："姚先生留的作业量很大，题目有时候很有挑战性。"有时候，批改学生的一道练习题，都要花上两三个小时。

新冠疫情期间，为了保证线上教学质量，他往往是提前半个多月就开始测试平台。线上授课一结束，他就召集助理、助教共同讨论授课效果，总结经验，不断改进授课方式，不放过每个细节。为了让学生尽快适应线上教学，他甚至还有心地设置了清华特有的上下课铃声，提醒课间休息。

姚期智的第二板斧，就是充分尊重自己个性中的优势，时刻盯着研究领域的最前沿，时刻准备着"跨界"。他有一颗好奇的心和一双发现问题、解决问题的眼睛。纵观姚期智的科研路，他都是在每一个新领域里全身心投入，做出两三篇重要论文后，再去新领域探索。

2011年，他创建了"清华量子信息中心"与"交叉信息研究院"，专门发展量子计算，用来推动多元化的信息科学研究和教学，并实现在物理、数学、生命科学等学科的交叉研究。

2019年，年过七旬的他，又成立了人工智能班。现在他的研究方向就是人工智能的理论研究，他坚信："今后的二三十年，人工智能一定会在科学界、产业界产生极大的影响。中国在下一波人工智能的浪潮中，一定能够取得一些原创性的、有知识产权的成果。"

姚期智的第三板斧就是自我人格修养。他儒雅博学，在课堂上引用童话故事《绿野仙踪》，分享自己的求学科研经历。他常说："经过历练努力，没头脑的稻草人也能锻炼出思维，缺少勇气的狮子也能振作起来。"并以此告诫年轻人要有智慧、有梦想，还要有勇气。他还很欣赏哲学家罗素对人生的看法，他引用原文"An individual human existence should be like a river – small at first, narrowly contained within its banks, and rushing passionately past rocks and over waterfalls. Gradually the river grows wider, the banks recede, the waters flow more quietly, and in the end, without any visible break, they become merged in the sea, and painlessly lose their individual being"（人的一生就应该像一条河，开始是涓涓细流，被狭窄的河岸所束缚，然后，它激烈地奔过巨石，冲越瀑布。渐渐地，河流变宽了，两边的堤岸也远去，河水流动得更加平静。最后，它自然地融入了大海，并毫无痛苦地消失了自我），用来说明人生急不得，要有一个过程，年轻人要立大志，只有将工作和成就融入到更高的事业中去才会充满价值。

【通识日课】

1.请你谈谈"斜杠青年"的含义。结合自己的专业学习，思考如何实现"跨界"学习。

2.你认可文中罗素的思想吗？你愿意为了心中的志向，厚积薄发吗？

中国古代就有伟大的科学家，提出的东西上千年后才被西方世界重新发现。

——"量子之父"潘建伟

最不喜欢量子力学，却意外成了"量子之父"

【导读】

2016年8月16日1时40分，酒泉卫星发射中心，长征二号运载火箭成功将量子[1]科学实验卫星"墨子号"发射升空。

这是中国在世界上首次实现卫星和地面之间的量子通信，并领先于世界进入了量子通信领域，也为构建天地一体化的量子保密通信与科学实验体系打下了重要基础。

中国在量子科学领域的发展，世界瞩目。而这一切的背后，却少不了一个人的付出。

人们说他是"量子之父"，他却说在大学最不喜欢、考得最差的就是量子力学。

他就是站在世界最前排，和宇宙对话，以先贤的名义，做前无古人之事的中国科学院院士——潘建伟。

【知识链接】

[1] 什么是量子？

量子是构成物质的最基本单元，是能量的最基本携带者。不可分割是量子的基本特征。

为什么首颗量子卫星命名为"墨子号"？

从口耳相传到飞鸽传书再到今天的网络实时连接，人们信息交互的效率越来越高，但技术的迅猛发展也带来了隐私的不安全。

有没有既能提高计算能力和信息交互效率，又能加强人类隐私保护的信息安全和网络安全措施的两全之策呢？许多科学家皓首穷经，用毕生的精力去研究、去实验，潘建伟就是其中一位。

经过 25 年的潜心研究，潘建伟已经是国际上量子信息[2]和量子通信实验研究领域的开拓者和先驱之一，是该领域有重要国际影响力的科学家。他不止一次在公开场合向公众科普时说，量子通信的安全性基于单光子的不可分割性和量子态的不可复制性，因此可解决"有秘钥就能够破解"的难题，意味着信息不可窃听和不可破解。

之所以想在天上做实验，是因为卫星和地面之间大部分路程接近真空。那么光子的损耗率比在地面光纤中小得多，理论上将是构建实用化全球量子保密通信网络最可行的方案，这样就能从根本上、永久性地解决信息安全问题。

可即使"墨子号"成功发射，而且也完成了既定的三大实验任务[3]，网络上对量子卫星"圈钱的骗局""天方夜谭"的质疑声，却从未停息。

事后，潘建伟自己也承认项目启动后，压力很大，很担心万一项目崩溃了怎么办。2007 年，量子卫星纠缠源系统主任设计师印娟刚刚博士毕业，她说她从大二就开始了相关研究，但是在天上做实验只是自己的梦想，不敢想象它会实现。

"Dream like a poet, think as a physicist, work as an engineer"（像诗人一样做梦，像物理学家一样思考，像工程师一样工作），这幅悬挂在量子光学实验室里的标语可能揭示了梦想实现的原因。

大胆假设，小心求证。2005 年，潘建伟的团队在合肥大蜀山，实现了 13 公里的量子纠缠[4]分发；2008 年，在北京八达岭，实现了 16 公里量子隐形传态；2011 年，在青海湖，实现了首个超过 100 公里的量子纠缠分发。

科学家往往负责创新，更多是思想实验，但是卫星研制的工程师则要保证工程零失误，设备万无一失。科学家和工程师日日磨合，尽善尽美。但就在卫星发射前，他们发现一个激光器的功率下降了。为此，团队成员没日没夜在车间论证、检验，整整花了 20 多天才把问题攻克。

潘建伟经常说，宗教的问题宗教解决，科学的问题科学解决。他是科学家，是坚定的无神论者。可就在卫星发射升空前几秒，他紧张到双手合十，暗暗祈祷老天保佑。

发射成功后，各大媒体争相报道。但是为什么要用"墨子"来命名首颗量子科学实验卫星？大家不得其解。后来，潘建伟在一次"量子沙龙"报告中提到："中国古代就有伟大的科学家，提出的东西上千年后才被西方世界重新发现。"在他看来，墨子就是这样一位鲜为人知的伟大科学家，《墨经》里记载的"小孔成像"原理，是现代照相技术原理的起源。这个实验指出"光是沿直线传播的"，这是光学中非常重要的一条原理。用"墨子号"取代卫星命名，既体现了对古代科学家的敬畏，也传达了中国的文化自信。

【知识链接】

[2] 量子信息技术的发展方向有哪些？

一是量子通信，实现原理上无条件的安全通信方式；二是量子计算提供一种超快的计算能力。2020 年，中国研制的光量子计算模型机"九章"比谷歌的"悬铃木"快上 100 亿倍，"九章"一分钟完成的任务，超级计算机则需要花上一亿年。

[3] "墨子号" 有哪三大科学实验任务？

第一，实现星地之间的量子密钥分发，目前在1200公里的星地距离上，每秒钟点对点可以发送十万个安全密钥，这比相同距离光纤的传输速率提高了20个数量级。

第二，实现了1200公里的量子纠缠分发，验证了即使相隔上千公里，量子纠缠之间的诡异互动也是存在的。

第三，实现了上千公里的量子隐形传态。

"墨子号"实现了天地之间的量子通信，再加上"京沪干线"所实现的千公里级光纤城际量子通信网络，一起构成了天地一体化广域量子通信网络的雏形，这是国际上量子信息领域的标志性事件之一。

[4] 什么是量子纠缠？

当一个光子在真空中传播时，它既可以沿着水平方向偏振，也可以沿着竖直方向偏振。当它沿着45度方向偏振的时候，就是量子叠加。为此，爱因斯坦作了深入思考。这就好比在两个遥远的地方同时扔骰子，两边的结果是完全随机的，但是实验当中的结果却是相同的。爱因斯坦把这种现象称为"遥远地点之间诡异的互动"，也叫"量子纠缠"。

经过科学家长达一个世纪的研究与努力，如今人们已经能够按照需求对分离出来的光子、原子进行操纵。通过对量子纠缠的深入研究，人们可以形成安全的密钥分发，从而实现加密内容不被破译；也可以把量子信息从一个粒子转移到另一个粒子上，用网友的话说，就像是科幻小说中的"时光穿梭"，在未来，《哆啦A梦》中提到的"任意门"或因科学的发展而得到实现。

"量子力学是我最不喜欢的课"

1987年，潘建伟以年级第一名的成绩考入中国科技大学近代物理系。他曾经说，从小就觉得物理比拼音容易，而且中学时期学习法拉第电磁感应理论的时候，心就像被撞了一下，对此一见钟情。

可没想到读了大学，量子力学成为他学起来最吃力的科目。其他科目都能考到九十几分，但是这个量子力学差点不及格，"当时我完全被量子叠加原理搞糊涂了。"但是潘建伟很较真，他探索的动机就是想要把这个事情弄明白，搞清楚。后来他的研究方向从理论物理转向实验物理，就是想证明量子力学是错的。

为此，1996年潘建伟到奥地利因斯布鲁克大学，师从安东·塞林格（Anton Zeilinger）教授，攻读实验物理学博士学位。经过一年多的日夜艰苦努力，他和同事们在国际上首次实现了量子隐形传态，相关研究成果入选"百年物理学21篇经典论文"，发表在世界著名科学杂志《自然》上。这项实验工作被国际公认为量子信息实验研究的开山之作。随后，他又和同事在国际上首次完成了量子纠缠交换、三光子纠缠等重要实验。从最初的搞不懂，到毕生的研究都和量子力学纠缠在一起，其缘由还要追溯到刚到欧洲求学的时光。当时，他对导师安东·塞林格袒露自己的理想："在中国建一个世界领先的量子实验室。"他念念不忘的除了最初的理想，还有他在中国科技大学接受的科技兴国教育。

中科大近代物理系首任系主任赵忠尧先生生前深情地说："回想自己一生，经历过许多坎坷，唯一希望的就是祖国繁荣昌盛、科学发达。我们已经尽了自己的力量，但国家尚未摆脱贫困与落后，尚需当今与后世无私的有为青年再接再厉，继续努力。"2001年，在国外耕耘多年后的潘建伟回国筹建实验室，如今，首任物理系主任的这段话就被铭刻在中科大上海研究院办公楼的大厅里。

五十知使命，要建百年老字号实验室

2001年3月14日，潘建伟在各方帮助下成立了量子信息实验室。但当时中国量子通信研究一片空白，"假回国，真赚钱"是人们对他的评价。或许是接受了多年科学教育的缘故，潘建伟喜欢用事实说话。不到一年的时间，他和他的研究小组在世界权威杂志《物理评论快报》发表了7篇论文。2004年，五光子纠缠的实现刊登在《自然》杂志上，一举奠定了中国在光子纠缠操纵方面的领先地位。

2011年，作为国际量子信息和量子通信实验研究领域的开拓者之一，潘建伟当选为最年轻的中国科学院院士，虽然正值年富力强，但他却觉得时间紧迫，他越发感到身上的使命沉甸甸的。他有一个夙愿，想要建立一个像德国马普所、英国卡文迪许那样的实验室[5]，真正的"百年老字号店"，在人类的科学史上能够留下浓墨重彩的一笔。为此，他不遗余力地培养新人，积极促进实验室的成员去往世界各大先进实验室学习先进理论和实验技术。

至今，潘建伟团队收获了一系列实验的成功，屡获世界第一，"潘之队"的研究成果逐渐被世界熟悉。2012年，他为"物理学圣经"《现代物理评论》撰写的长篇综述论文，奠定了中国在多光子纠缠和干涉领域的国际领先地位。为此，《自然》报道说："在量子通信领域，中国用了不到10年的时间，由一个不起眼的国家发展成为现在的世界劲旅，将领先于欧洲和北美。"

两位他的"80后"研究生陈宇翱、陆朝阳（现已成为"潘之队"核心成员）斩获2013年、2017年欧洲物理学会涅菲尔奖。2015年，"潘之队"实现了单光子多自由度的量子隐形传态，入选英国物理学会评选的国际物理学十大年度突破且位居榜首。2016年，陆朝阳入选《自然》十大"中国科学之星"，被潘建伟的导师安东·塞林格评价为"操纵光子的巫师"，而潘建伟也在同年荣获国家自然科学奖一等奖。2017年，潘建伟入选《自然》发布的年度十大人物。2018年，潘建伟又在第48届量子电子物理学大会上获颁兰姆奖，用来表彰他在光量子信息前沿研究领域的开创性实验贡献。

有一次,潘建伟在人民大会堂观看完《复兴之路》后,感慨良久,就给团队核心成员都发去了"为民族复兴、科大复兴尽力"的短信。收到短信的那一刻,团队成员都很激动。有些还在国外实验室做研究的成员冲动地想当即放下实验立刻回国。陆朝阳说:"以前觉得民族复兴是很高大上的词,但那一刻,觉得我们做的事可以和这个事业直接联系起来。"当意识到可以实实在在参与到这项伟大事业中时,他们觉得很激动,也很兴奋。

就像潘建伟想要建立一个传承百年的实验室一样,科学报国成为每一代科学家治学的传统。但是科研之路总是布满荆棘,很多时候,科研人员要承受巨大的压力,在黑暗中探索,而且还要承受外界因为不了解而产生的质疑。

不过,"科教兴国"的使命已经成为这群年轻科学家探索的动力。中科大系主任勉励后辈的话言犹在耳,潘建伟常说:"花 10 倍的时间做一件重要的事,比花一倍时间做 10 件不重要的事情要好得多。"

【知识链接】

[5] 老字号实验室有哪些？

1. 德国马克斯·普朗克研究所 (Max Planck Institute，MPI)

简称马普所。马普所的前身是德国的威廉皇帝研究院，总部位于柏林，行政总部位于慕尼黑，因为马克斯·普朗克是量子理论的奠基人，获得1918年诺贝尔奖，对德国科学的研究和发展作出了巨大贡献，因此研究所1948年正式改名为马普所。这是全球技术研究专项排名第一的著名科研机构，该研究所在历史上总共有33人次获得诺贝尔奖。（数据截至2019年）

2. 英国卡文迪许实验室

卡文迪许实验室是英国剑桥大学的物理实验室，建于1873—1874年。卡文迪许实验室是近代科学史上第一个社会化和专业化的科学实验室，实验室的研究领域包括天体物理学、粒子物理学、固体物理学、生物物理学，催生了大量足以影响人类进步的重要科学成果，包括发现电子、中子，发现原子核的结构，发现DNA的双螺旋结构和X光的散射等，为人类的科学发展作出了举足轻重的贡献。从1904年至1989年的85年间一共产生了29位诺贝尔奖得主。

【通识日课】

1. 随着互联网技术的发展，你会担心个人信息安全吗？结合自己的网络冲浪经验，分享2—3种保护个人隐私的小方法。

2. 你愿意花10年或者更长的时间去做一件并不知道结果的事情吗？

滴答，滴答，中国在等待你的回答。你的夜晚更长，你的星星更多，你把时间无限细分，你让速度不断压缩。三年一腾飞，十年一跨越。当第五十五颗吉星升上太空，北斗，照亮中国人的梦。

——2020年"感动中国十大人物"颁奖词

仰望星空的"扫地僧"

【导读】

烛影摇红夜色冥，共儿纸上画瓢形。

复移小凳扶窗立，教识中天北斗星。

自古以来，北斗七星就被赋予了司南功能，用以指引方向、分辨四季、标定时刻。回想一下，你是不是也在灿烂星空中找寻过北斗七星的身影？你也一定知道猎户星座、大熊星座等名字吧？那你知道在地球上空，还有很多人造卫星组成的"星座"吗？虽然我们很难看到这些"星座"，但是它们却影响着我们的生活。茫茫大海中，船只不会迷失方向；无边无际的天空中，飞机能够选择最有效率的航线，这些都是它们的功劳。其中一个卫星"星座"还沿用了一个浪漫的名字——北斗。想知道北斗"星座"是怎么建成的吗？它的组网完成又意味着什么呢？

北斗照亮梦想

"10、9、8、7、6、5、4、3、2、1，点火，起飞！"紧接着，一声惊雷巨响震撼整个山谷，只见一团橘红色火焰在滚滚白烟中拔地而起，直刺苍穹。那是2020年6月23日9时43分，在群山环抱的西昌卫星发射中心，肩负历史使命的一颗卫星发射成功！它是北斗三号全球卫星导航系统[1]的最后一颗卫星，其成功发射意味着北斗全球卫星导航系统星座部署全面完成。

值得一提的是，北斗三号卫星研制中，我国仅用1年零14天就将19颗导航卫星送入了太空，平均20天就将一颗导弹卫星送入太空，创造了航天发射史的新纪录。这都得益于谢军及其团队，他们创造性地实现了卫星批量化生产，创造了这令人振奋的中国速度！

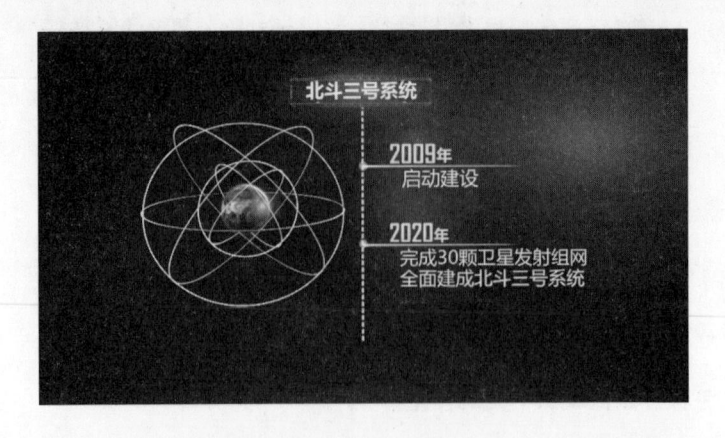

2020年7月31日，北斗三号全球卫星导航系统正式开通，意味着中国成为世界上第三个独立拥有全球卫星导航系统的国家。中国北斗就此走向了世界！

那么北斗三号全球卫星导航系统究竟有什么特点，又和我们的生活有什么联系呢？

还记得武汉疫情最严重的时候，我国实现了"十天建成一所医院"的壮举吗？这就是北斗火速驰援创造出来的奇迹。因为北斗三号卫星导航系统具有高精度、高可靠、高保险、多功能等特点，在火神山、雷神山医院的建设中，确保了工地大部分放线[2]测量一次完成，实现了准确定位和标绘。

如今，北斗三号全球卫星导航系统在各领域大显身手。在北京，安装了北斗终端的物流车每天准确地将商品送达千家万户；在京津冀，北斗智能装备助力京张高铁高效、精准运行；在茫茫大洋，北斗设备可以让船员随时报告位置，一旦遇险可以及时求救……在农业方面，高精度北斗服务可以满足农业机械无人驾驶、无人机植保等需求；在林业方面，北斗特有的短报文功能可以为巡林员巡林和森林防火提供支持；在渔业方面，北斗系统可在没有通信信号的海域给渔民提供报平安的终端，有力保障渔民生命安全；在防震减灾方面，北斗系统还可以支援灾害预警、救灾指挥、灾情通信等……由此可见，北斗系统已经渗透到我们生活的方方面面，大到国家军事，小到车载导航。据统计，中国70%的智能手机都用上了北斗系统。在使用性能上，北斗是世界上最好的导航系统之一。

北斗好用、用好北斗，一直是谢军的心愿。现在他和同事们还在全力做好卫星的在轨运行管理与技术支持。谢军说："要让北斗卫星安全稳定运行，提供连续可靠的信号、多样优异的服务。"目前，面向下一代卫星导航系统的论证研究也已经开始，目标是到2035年建成更加泛在、更加融合、更加智能的国家综合定位导航授时体系，为智能化、无人化发展提供核心支撑，服务全球，造福人类！

【知识链接】

[1] 什么是北斗三号全球卫星导航系统？

北斗三号全球卫星导航系统（简称北斗三号系统），由24颗中圆地球轨道卫星、3颗地球静止轨道卫星和3颗倾斜地球同步轨道卫星，共30颗卫星组成。作为全球卫星导航系统的后来者，北斗除了应有的扎实"基本功"，还拥有自己的"独门绝技"，比如短报文通信功能，开创了通信导航一体化的独特服务模式，也就是使用者不仅可以知道"我在哪"，还能告诉别人"我在哪"以及"我在干什么"。

北斗三号卫星导航系统的建设目标是，为中国及周边地区的中国军民用户提供陆、海、空导航定位服务，促进卫星定位、导航、授时服务功能的应用，为航天用户提供定位和轨道测定手段，满足武器制导的需要，满足导航定位信息交换的需要。

[2] 什么是放线？

放线是为了方便工人干活，也是为了确保严格按照设计图纸进行施工的一种手段。

建筑工程施工的开始都是要定位放线，比如木工支模、瓦工砌墙等都要以放线为依据。放线的主要思路就是将设计图纸的尺寸按照图示尺寸，照搬到地面上，整个工程的尺寸是否按照设计图纸尺寸施工就看放线。因此，放线测量对精准度要求非常高。一般来说，所有的建筑轴线可称之为大线，相应的小线就是结构构件的边线和尺寸线。

与北斗的不解之缘

谢军从小品学兼优，1978 年以优异成绩考入国防科技大学，就读于电子工程系雷达专业。

1982 年，谢军从国防科技大学毕业，之后被分配到中国航天科技集团下属中国空间技术研究院航天五院 504 所工作。该院是中国"北斗计划"主力，从 20 世纪 80 年代起就一直担负着北斗卫星系统和产品的设计制造工作。从进入五院 504 所的第一天起，谢军就与北斗结缘了。

在 2004 年担任北斗二号导航卫星总设计师之前，谢军已在 504 所工作了 22 年。在此期间，他参与了东方红二号通信卫星、风云二号气象卫星、海洋二号卫星等国家重大航天工程。他也从一名技术人员成长为 504 所的主要负责人。这 22 年的工作积累，为他日后带领团队攻坚克难、开创纪录打下了坚实的基础。

2004 年，我国正式立项建设北斗二号卫星导航系统，目标是服务整个亚太地区。实现这一目标，需要 14 颗卫星，技术难度很大。另外，导航卫星的频率资源和轨道位置资源自申请起只有 7 年时限，一旦超时不用就将作废。真可谓时间紧、任务重。这时，谢军临危受命，被一纸调令召唤进京，出任北斗二号导航卫星总设计师。不难想到，迎接他的该是怎样的困难和挑战啊！

2009 年，在北斗二号系统稳步建设的同时，北斗三号系统立项。这次的目标是面向全球提供服务，这对卫星和系统都提出了更高要求。核心部件和核心技术必须自主创新。作为北斗三号卫星首席总设计师，谢军辗转北京、上海、西安、兰州等地，亲自与各研制单位沟通每一个技术方案。北斗卫星导航必须要使用高精度、高可靠性的星载原子钟。做产品实验时，谢军一直守在车间，36个小时没有合眼。最终，研制团队啃下了关键核心技术，北斗三号卫星单机和关键元器件国产化率达到100%；北斗系统全球实测水平定位精度均值达到了惊人的2.3米[3]，通过地基增强、精密单点定位，还能提供精度高达厘米级的定位服务。

> **【知识链接】**
>
> [3] 北斗系统全球实测水平定位精度均值达到了惊人的2.3米是什么概念？
>
> 　　在现代战争中，作战往往更追求"快、准、稳"，一招制敌，快速结束战斗才是最好的。而对于导弹、战机这样的武器装备来说，对目标进行打击时得到的定位信息当然是越精确越好，因此卫星的定位精度就显得尤为重要。要知道，俄罗斯作为军事实力仅次于美国的国家，为保障国防安全，研制了自己的卫星定位系统，也就是格洛纳斯，定位精度在10米左右。

干掉这个"拦路虎"

北斗二号卫星导航系统的研制充满困难，技术要求非常高。这其中最难啃的骨头就是星载原子钟。时间精度是卫星导航的命门，天地间时间越同步、误差越小，定位精度就越高。有"导航卫星心脏"之称的星载原子钟就发挥着提供时间基准的作用。但是一直以来，中国都依赖进口。谢军当时思考最多的就是如何干掉这个"拦路虎"。中国曾提出与欧洲开展技术合作，惨遭拒绝。于是谢军痛定思痛，深刻体会到作为一个航天大国，我们必须要有自己安全独立的时频基准系统。

为了解决这个"卡脖子"的大难题,他经常深入一线与大家一起分析原理、掌握一手材料;有的时候,他宁可36个小时不合眼,也要坚持做完产品实验,不肯错过一个疑点,不放过一丝误差。

在这个过程中,谢军曾三次晕倒在卫星发射现场,但每一次醒来后,他又立即赶回岗位。在他的带领下,国内数家科研院所研究员集中攻克技术难题,只用了短短一年多的时间就实现了技术突破,成功研制出中国自己的星载铷原子钟[4],并在此基础上反复打磨精度,使铷原子钟的天稳定度达到10—14量级,授时精度达50纳秒,这个精度300万年只有1秒误差。

谢军和他的团队成功拿下了北斗二号项目之后,又向新的目标发起了挑战。谢军前瞻性地提出要逐步实现核心部件全部国产化。在当时的情况下,部分采用国外零部件是国内科技研发的主流观念,不仅节约经费,还会缩短研发周期。但谢军仍坚持,北斗三号的核心零部件要逐渐实现100%国产化,这意味着一旦爆发冲突,我们的北斗卫星不会受制于人,我们也有了制衡的核心利器。

谢军在后来的采访中说:"我们北斗三号逐步把所有卫星上的单机产品的国产化率从80%提高到了100%。所以国产化这件事情,是我们在研制北斗三号卫星过程中,做得比较漂亮的一件事情。"

这样看来,远见卓识在短期内会耗费大量精力,甚至看起来得不偿失,但未来总会给我们以惊喜。关注国际趋势、关注专业前沿、关注身边大小事,不断提升自己的技能,才能站得更高、看得更远。

【知识链接】

[4] 什么是星载铷原子钟?(简称星载铷钟)

20世纪90年代,中国制定北斗卫星导航系统"三步走"发展战略,作为其中关键技术的星载原子钟,在当时的中国属于技术空白。可用作星载原子钟的有氢原子钟、铯原子钟和铷原子钟。三者相比,铷原子钟体积小、重量轻、功耗低、可靠性高、寿命长，制造和使用成本也最低，因此为各国导航系统普遍采用。

星载铷钟的长期频率稳定度大幅提高，使北斗定位更加精准；产品体积重量大大降低，减轻了卫星的负荷；产品寿命从8年提高到12年以上。目前高精度星载铷钟性能已达到国内一流、国际先进水平。

"一万减一等于零"

谢军除了看问题比较长远，敢于迎接挑战以外，还极度严谨认真，做事一丝不苟。

谢军认为："作为总师，一个特别重要的任务就是扮演好把关人的角色。"

2013年，北斗三号工程伊始，经各部门研究决定，在北斗三号卫星上使用国产行波管放大器[5]。负责研制行波管放大器的单位攻坚克难，费了九牛二虎之力才研制出6台设备。

可是，谢军在认真检查这6台产品之后，却作出了一个让人意想不到的决定：质量未达标，全部重做。"当初作这个决定还是非常艰难的，这不仅意味着该单位要推倒重来，继续倾注大量人力物力重新设计，甚至还会导致整个工程大幅度延期。"谢军表示，质量和进度就像天平的两端，不能顾此失彼，总师最大的压力便来自于如何保证在"零失误"的前提下按时完成工程进度。

这样一丝不苟的作风，还是源于老一辈的影响。刚到504所的时候，谢军看到那些泰斗级人物都一丝不苟地对待工作，他深深为之折服，也被所里这群德高望重的老一辈航天人朴实严谨的工作作风所感染，坚定了从他们手中接过"接力棒"的决心。要知道，作为高精尖的研发团队，任何一个小小的错误都会导致很严重的后果。很有可能，一个小数点错误就导致火箭发射失败。因此，为了保证北斗工程的万无一失，谢总工便把"一万减一等于零"的信条贴在了研发车间。而且谢军看文件格外仔细，任何一个有歧义的句子，他都能发现并指出，他这样严谨务实的精神，影响着北斗团队的每一位成员，也督促着他们不断将手里的工作干得更好一些、再好一些。

担任北斗二号导航卫星总设计师之初，谢军便感受到了自己肩上这沉甸甸的责任。从关键设备研制负责人到卫星总设计师，他深感自己有诸多不足，包括许多尚未掌握的知识和并不清楚的问题。但谢军很好地践行了"君子之学必好问，问与学，相辅而行者也。非学，无以致疑；非问，无以广识"。对卫星总体结构不了解，或者对热控分系统、电源分系统不了解，谢军就亲自去拜访相关领域的老专家，直到把每个部件、每项产品、每个问题搞明白才肯离去。正是这样的精神，才有我们看到的三年腾飞、十年跨越，才让北斗成为了一张闪亮的"国家名片"！

【知识链接】

[5] 行波管放大器的作用是什么？

行波管功率放大器，是卫星通信星载系统中重要的高功放元件。行波管是靠连续调制电子注的速度来实现放大功能的微波电子管。在行波管中，电子注同慢波电路中行进的微波场发生相互作用，在长达6—40个波长的慢波电路中，电子注连续不断地把动能交给微波信号场，从而使信号得到放大。行波管放大器的非线性特性会使多载波信号产生交调成份，导致交调失真、邻道干扰，影响通信系统的性能。

对于北斗未来的发展与应用，谢军作出了展望："2012 年之后，北斗二号的服务性能定位精度是优于 10 米，现在可以到 6 米；2020 年之后，我们要把空间基准服务的这个精度提到更高，使目前卫星导航系统所不能覆盖的一些领域能够用它，比如说深空，比如说在一些复杂电磁环境下的室内导航。真正到 2030 年、2045 年以后，中国在航天领域里面，特别是卫星导航这个领域里面能够成为真正的领跑者。"谢军还在"追星"的路上，从未停下。

【通识日课】

1. "一万减一等于零"，你是如何理解这句话的？在实际的工作学习中，有没有遇到这种情况，该如何改进呢？

2. 你如何看待北斗三号核心零部件实现 100% 国产化？这对我国其他领域的发展有何启示？

时代到处是惊涛骇浪,你埋下头,甘心做沉默的砥柱;一穷二白的年代,你挺起胸,成为国家最大的财富。你的人生,正如深海中的潜艇,无声,但有无穷的力量。

——2013年"感动中国十大人物"颁奖词

隐姓埋名三十载，六十花甲潜龙宫

【导读】

在入评"2013感动中国十大人物"之前，鲜有人知道他的名字。在"感动中国"的颁奖礼上，敬一丹说道："他的名字很少被人提及。他一直在忙碌，但是忙了那么多年家人都不知道他在忙什么。"自1958年加入到核潜艇设计工作以来，他一直在忙碌，父丧不归，母亲从63岁盼到93岁才见到他一面，此时他已62岁，双鬓染上白发。他默默无闻，名字很少被提及，但是他所从事的事业却是如此轰轰烈烈，他为国家的国防事业作出了巨大贡献。2019年9月，他荣获"共和国荣誉勋章"；2020年1月10日，荣获国家最高科学技术奖。他就是黄旭华，他的人生故事平淡而又充满了传奇色彩。

"核潜艇，一万年也要搞出来！"

美国第一艘核潜艇于1954年1月试航成功后服役。苏联第一艘核潜艇也于1957年8月下水首航成功。同时，英法等国的核武器技术也突飞猛进。在二战后冷战阴云的笼罩下，1958年，中国开展核潜艇的战略拉开序幕。1960年以后，"09"成为核潜艇工程的代号。1965年，719所（核潜艇总体研究所）成立。

在"09"工程正式启动后，中国希望得到苏联的帮助和支持。但是我国几个访苏代表团提出的考察苏联核潜艇工程的要求，及经由正式渠道向苏联领导人要求得到核潜艇研制技术的提议，都遭到了苏联的漠视和回绝。在一系列其他建设问题和中国主权和安全诉求被无视后，毛主席被激怒了。他铿锵有力地提出："核潜艇，一万年也要搞出来！"这句话坚定了黄旭华这一代研究者独立自主研制核潜艇的决心，同时也激励着广大工程技术人员不畏困难、奋发图强。

  核潜艇是一个系统工程，相当于建一座海底城市，需要解决太多问题。时任719所所长夏桐和黄旭华等领导认为，既要保障大家的研究热情，又要解决核潜艇研制设计中的关键问题。因此，研究所于1966年开展了一次技术"鸣放"大辩论，逐步形成了核潜艇研制的七大技术攻关项目[1]（也称七朵金花），为核潜艇的设计成型提供了良好的基础。

> **【知识链接】**
>
>   **[1]** 七大技术攻关项目：1. 核动力装置。提供水下长期航行的能力——核潜艇几乎不需要添加燃料，不需要外界空气，可以像凶猛鲨鱼一样长久地潜伏在海里等待猎物。2. 水滴线型艇型设计。水滴线型潜艇在大潜深的海里，高航速和长航时，优势非常明显，具有战术优势。3. 大直径、高强度艇体结构。由于核潜艇的舱室数量多，直径及排水量大，所以对艇体结构强度的要求远远高于常规潜艇。4. 远程水声系统。这是先敌发现的利器，就如同我们的耳朵。5.（鱼雷）武器系统。这是核潜艇的战斗力。6. 综合空调系统。核潜艇需要大潜深，保持长时间潜航，空调系统要求极高，这也是艇员生命保障及生存质量的必备条件。7. 惯性导航系统。核潜艇在大潜深时的航行对导航定位要求非常高，犹如我们的眼睛一样，非常重要。唯一可以深度定位、安全隐蔽航行的就是惯性导航系统。该系统依靠自身的惯性元件进行导航，工作系统完全独立，能够给核潜艇提供良好的隐蔽性。

玩具模型泄露天机

  虽然核潜艇工程已经开启，但是核潜艇长什么样子？无人知道。

  参研人员只参加过苏制常规潜艇的仿制工作，至于核潜艇是什么样，谁都没见过。事实上，当时我国连常规潜艇都没有设计过，可想而知在设计研发核潜艇中遇到的的困难有多大！1965 年，资料奇缺。仅有的两张核潜艇照片，不仅画面模糊，而且是核潜艇在水面上航行的样子，看不出任何端倪。虽然黄旭华等人坚信他们的研究方案和思路是正确的，但是核潜艇到底是什么样子的，他们心中充满疑问。

当时，我国一对外交官夫妇在一家超市购物，发现一对美国夫妇和他们的孩子围在一个金属潜艇玩具旁边。这位外交官一问，才知道这是核潜艇玩具模型，于是决定买一个回国给他的宝宝玩。所谓苍天不负有心人，这个稀罕的玩具被一个了解核潜艇研制工作的人听说了，后来经过几番周折，外交官将核潜艇玩具通过这个热心人士赠送给了 719 所。

巧的是，大约在同一时期，六机部组织的一个外事代表团在香港中转时，偶然在一家商店里看到了一个核潜艇模型。当时，他们有人知道我国正在研制核潜艇，便立马买下，并转交给了 719 所。

就这样，两个核潜艇模型变成了一群大人们的"玩具"。当大家拿到这两个宝贝的时候，心花怒放，如获至宝。这一大一小两个模型正是美国当时建造的世界第一艘弹道导弹核潜艇"乔治·华盛顿"号的高级模型。大的相对高级一些，火箭发射筒和各舱室可以拆卸，小的则是一个整体，不可拆卸。黄旭华同其他科研人员一道，立马把大模型大卸八块，进行测量、记录、绘图，反复拆装。有了这个模型之后，大家对核潜艇的研发工作更有把握，心里更踏实。通过模型参考、模型制作和模型试验，黄旭华认识到模型对于核潜艇建设的重要性超出了任何一种方法。

1967 年，经黄旭华等人提议，宋文荣所长决定建造一个 1∶1 比例的核潜艇模型。这个建成的全尺寸木核潜艇对于真正核潜艇的建设作用非常大。以前，大家是在图纸上研究、设计，可实际怎么安装各个装置并没有把握。有了模型以后，大家可以真实模拟每一台设备、每一根电缆的安装，这对确保核潜艇的设计建造起到了巨大的作用。

"斤斤计较"保证核潜艇不翻、不沉、开得动

核潜艇是项大工程，而当时我国的船舶设计水平低，制造能力差。要保障如此大吨位的核潜艇不翻、不沉、开得动，在当时看来是非常不容易的事情。黄旭华最关心的就是艇体的稳性设计。

于是，经过黄旭华、尤子平、钱凌白的反复研究，综合其他领导及设计师的意见，研究所采取了三个措施来控制潜水艇的总重及稳性。首先是根据核潜艇结构优化设计，减轻重量；其次是对核潜艇主要设备的重量和重心进行严格计算，为后期设备配套及安装提供技术依据；最后是在施工设计和设备安装时，采用最古老的"斤斤计较"的方法。用磅秤对每一台设备、每一条管道、每一条电缆逐一称重并登记。他们首先在木核潜艇上进行模拟设备安装和重量设计，以保证实际安装设备的精确性。在首艘核潜艇上安装设备的过程中，对于安装时切下的电缆、边角废料，研究人员们都要称重，并从总重量中减去，以控制核潜艇重量的精确度，达到设计的稳性要求。

终于下水啦

从1958年到1970年，历经了13个年头，中国第一艘核潜艇，"091"系列核潜艇的首艇，舷号为"401"，在1970年12月26日毛主席77岁生日那一天，下水成功了。核潜艇庞大的钢铁之躯就如一头巨鲸横卧在蔚蓝的天空下。毛主席的画像高挂在潜艇指挥台正下方。所有的这一切仿佛在回应着毛主席的誓言："核潜艇，一万年也要搞出来！"

核潜艇下水不同于常规潜艇的下水。它的下水程序是"起艇—前行—上浮箱—横移—起浮"。核潜艇在陆地上的大厂房造好后，稳坐在几十台小车上，小车沿着铁轨缓慢滑动，把核潜艇从厂房运到船台，然后再从船台运到船坞的一个特大浮箱上，最后浮箱灌满了水沉下去，核潜艇就浮在水面上了。黄旭华回忆说，那天核潜

艇下水的整个过程非常漫长，最缓慢的时候3小时才挪动100米。到核潜艇完全下水浮起时，夜幕已经完全降临了。

虽然下水是个漫长的过程，但是比起从仿制苏联军事舰船，到起草、设计、安装核潜艇的十三个年头，这个喜悦来得沁人心脾。

从1970年到1981年，中国陆续实现了第一艘核潜艇下水、第一艘核动力潜艇交付海军使用、第一艘导弹核潜艇顺利下水，成为继美、苏、英、法之后世界上第五个拥有核潜艇的国家。

花甲之年，亲潜龙宫

1981年和1985年，我国分别进行了首次海上长距离航行和最大自持力极限考核试验。这两次试验的成功极大地坚定了设计建造者的信心，为进一步提高核潜艇质量提供了宝贵的数据资料。但是自核潜艇服役十年来，由于基地水深不够以及其他技术方面的原因，核潜艇的深潜[2]极限试验一直未进行。

为了确保深潜试验的成功，当时除了技术准备、质量复查、检修检测、救援保障等一系列措施外，还启动了应急机制，即在南海某海域选择了一个深度为300多米的地方，准备了打捞救援设备。可是，准备工作越谨慎，给参试人员带来的精神压力就越大。艇长和政委们给官兵们做了几个月的思想工作，教育他们深潜试验是一项光荣的任务，要勇敢，要有牺牲精神。黄旭华笑着对领导说："你不能老是给人家强调'光荣'，你要人家准备去'光荣'，那就可能去牺牲啊！生命诚可贵，谁会不紧张啊？"尽管如此，大家都显示出义无反顾的勇气和决心。个别同志甚至偷偷写下遗书，拍下生死照。

感受到大家的紧张和压抑后，黄旭华作出了惊人的决定。他决定和参试人员一起，亲自上艇指导下潜。作为深潜试验小组领导，作为"09"工程的总设计师，他本可以待在水面的指挥舰上进行指导工作。但他的夫人李世英却非常支持他下水指挥。她说，艇是黄旭华设计的，他就要对一船的人负责。遇到问题和困难，也好作决定，及时应对。亲自下水，就是职责所在。

官兵们一听黄旭华亲自登艇做深潜试验，一下子放松了许多。他们认为，既然这条艇的总设计师敢和他们一起深潜，那对艇的安全系数必是很有信心的。当时，黄旭华已经六十四岁，以花甲之年、总设计师之位，亲自登艇下潜，给参试人员带来了坚定的信念和无穷的信心。黄旭华成为世界上核潜艇总设计师亲自下水做深潜试验的第一人。

下潜过程是惊心动魄的。尽管如此，黄旭华还是镇静地指挥各项操作，及时抢修和解决出现的临时问题。他和其他几个研究机构的深潜负责人一起合计过，当深潜接近极限深度时，舱内因为巨大挤压肯定会出现一些变形和响声。为了避免恐慌，他们一致决定让播报者用英文 A、B、C 播报。A 表示接近极限深度，可极限下潜；B 表示到达设计临界点，可以继续下潜；C 表示已过设计深度，艇体无法承受，停止下潜。这样一来，除了少数几个人知道具体下潜深度，其他人都不知道，避免了不良情绪的产生和扩散。在接近大深度时，黄旭华镇定自若，指挥参试人员按规程

操作。当深度计指到 300 米，并略有超出时，随着一声清脆的"停"，舱内一阵寂静后传出阵阵欢呼，试潜成功了！

黄旭华随后一气呵成写下了"花甲痴翁，智探龙宫；惊涛骇浪，乐在其中"的壮丽诗句。

> **【知识链接】**
>
> [2] 深潜的意思是指要下潜至设计极限深度 300 米，甚至更深。深潜试验风险极大，无论是否到达极限深度，遇到问题时都可能艇毁人亡。

一腔报国心，养猪、设计两不误

719 所建在葫芦岛。这里地理条件优越，是核潜艇建设及试验的好地方。然而，这里的生活条件却极其艰苦。人们唱着顺口溜："葫芦岛、葫芦岛，两头大，中间小，风沙多、姑娘少，兔子野鸡满山跑。"黄旭华幽默地说："葫芦岛是一年两次风，一次刮半年。"葫芦岛的伙食是："中午白菜炒土豆，晚上是土豆炒包菜。"在"文化大革命"期间，尤其是 1966 年至 1967 年间，黄旭华多次被造反派、军宣队抓回来喂猪，有的时候甚至要求他和猪同吃同睡。尽管如此，核潜艇的研制却离不开他。他只好在猪圈、设计室和建造厂之间来回跑，就这样指导着"091"首艇的技术设计工作，没有让核潜艇的研制工作停顿下来。

黄旭华为了中国的核潜艇事业，隐姓埋名三十余载，不仅在母亲深受磨难时无法援助，还承受着失去父兄之痛，忍辱负重边养猪边设计，一腔报国心从未改变，铸就了犹如中国核潜艇一样无坚不摧的精神！

【通识日课】

1.毛泽东说:"核潜艇,一万年也要搞出来!"请你谈谈:设计研发核潜艇的意义是什么?

2.从在玩具模型里得出灵感的经历出发,谈谈你对"处处留心皆学问"的理解。

雷锋、郭明义、罗阳身上所具有的信念的能量、大爱的胸怀、忘我的精神、进取的锐气，正是我们民族精神的最好写照，他们都是我们"民族的脊梁"。

——习近平总书记

我倒下了，但是梦想在起飞

【导读】

如果你没有离开，依然会，带吴钩，巡万里关山。多希望你只是小憩，醉一下再挑灯看剑，梦一回再吹角连营。你听到了么？那战机的呼啸，没有悲伤，是为你而奏响！

这是2013年"感动中国十大人物"给他的颁奖词。战机成功起飞的喜悦和英雄突然陨落的悲痛，带给我们的是同等的震撼。这个一直告诉自己"研制战机，要么是零分，要么是一百分，没有中间分"的人，这个最终将生命都献给了战机的人，是如何与战机结缘的，又发生了怎样的故事呢？

少年立志，航空报国

罗阳出生于军人家庭。他父亲生前工作严谨细致，为人正派又乐于助人。在父亲的言传身教下，他从小就养成了勤劳正派、乐于奉献的优秀品质。据他妈妈回忆，他原本是可以上重点中学的，但当时有个不成文的规定——随军子女一般只有一个能进重点中学，于是他就把这个机会让给了姐姐。

罗阳数理化基础很扎实，是班里的尖子生。很多人曾半开玩笑地说，这主要得益于他妈妈是数学老师，经常给他"开小灶"。事实上，他妈妈每天下班之后要忙着给一大家子做饭、收拾家务，根本没空给他辅导。

罗阳还有个好习惯，从小就爱动脑筋琢磨事儿，注重逻辑推理。看到别人玩滑轮车，他就琢磨给"不能掌控方向、轮子不能旋转"的车装上"方向盘"和活动轮子；做数学题喜欢琢磨不同的解法；对一些自然现象习惯打破砂锅问到底……

罗阳还有非常强烈的求知欲。上高中时，他一门心思扑在学习上，经常考满分，后来在高考中也取得了优异成绩。那时，班主任和其他老师都动员他报清华北大，但是他从小热爱飞机、航空，想报考北京航空学院，也就是现在的北京航空航天大学。当然，他最终得偿所愿。

刚进大学时，罗阳和同学们看过一部资料片。在影片中，由于信息化程度极低，我国空军飞机还没看到敌机就被对方击落了。看到这一幕，罗阳震惊不已，感慨颇多，当天与同学们讨论至深夜。从那时起，"航空报国"便成了他的坚定信念。

1982年，罗阳从北京航空航天大学高空设计专业毕业后，被分配到了中航工业沈阳飞机设计研究所，从此开始了他的航天梦。

2002年7月起，罗阳历任中航工业沈阳飞机工业（集团）有限公司（简称"沈飞"[1]）党委书记、副董事长、总经理。

2008年12月，罗阳任中航航空装备有限责任公司副总经理、分党组成员，沈阳飞机工业(集团)有限公司董事长、总经理、党委副书记。

他曾说："航空报国不仅是荣誉，更是责任！"这沉甸甸的责任，罗阳一扛便是三十年。最终，他带着这样的使命感走上了辽宁舰，走到了他的生命尽头。

【知识链接】

[1] 沈阳飞机工业集团（简称：沈飞），隶属于中国航空工业集团公司，是以航空产品制造为核心主业，集科研、生产、试验、试飞为一体的大型现代化飞机制造企业。50多年来，沈飞集团公司研制了多种型号、数千架歼击机，为中国航空武器装备的发展作出了重大贡献，被誉为"中国歼击机的摇篮"。

恪尽职守，不负重托

罗阳到沈飞任职时，正值"十一五"开局之初，国民经济发展面临重大转型，国防能力急需提升。同时，民机产业也成为了大国之间博弈的领域。各级地方政府及国际国内相关企业和投资者纷纷介入抢夺民用飞机和通用航空市场。如此一来，航空工业的发展已不仅是国防安全的需要，也是强国富民的需求，更成为一个国家居于世界强国之列的重要标志，沈飞作为"共和国航空工业长子"，正处于机遇与挑战并存的关键发展时期。

罗阳上任后，作为战机研制现场的总指挥，他把项目研制作为最大的政治使命，签发总经理令，成立现场工作组，强化生产计划的严肃性和执行力；亲自签订"责任状"。针对不同时期的工作重点，组织部装、总装和试飞"三大战役"，集中力量开展重点项目攻坚决战，成功克服资源不足、成品供应不及时等一个个问题，完成多个重点项目任务，实现了多个新研战机型号的成功首飞和设计定型，为航空武器装备发展作出了重大贡献。

刚担任沈飞集团董事长的时候，罗阳就接到了一项艰巨的任务——研发国产舰载机。

当时，中国在研制舰载机方面还是一张白纸，获取国外现成技术根本不可能，甚至连资料都无从获得。如何造得出？又如何确保飞得起、落得下？要知道，舰载机的起降可堪比"刀尖上的舞蹈"啊。

但是，作为总指挥的罗阳还是"接招"了。自接到任务起，他就一直奋战在研制现场、实验一线。他把工作日程安排得非常满，恨不得不眠不休、不吃不喝。他的秘书任仲凯回忆说，他吃饭速度非常快，吃完起身就走。出差的时候，为了节省时间，就在街边小店随便吃一口。每次出去开会，都是事先订好返程票，极少参加主办方安排的参观活动。

舰载机飞行训练，发动机的轰鸣声震耳欲聋，震得人心脏发颤，但他却要近距离观察，生怕漏过飞行的每个细节；一有时间，他挨个走进驾驶室、塔台、机库、武器库、锅炉房，观察、询问、记录，随身带的小本子写得密密麻麻。

事实上，作为舰载机研制现场总指挥，在飞机完成研制工作并移交试飞中心之后，罗阳原本不必上舰。但他放心不下自己的产品，就像母亲牵挂自己的孩子一般。成功起降是舰载机发展的第一步，罗阳想要通过自己零距离的现场感受，为后续的飞机调试、定型、批量生产积累经验。

罗阳经常说："我们没有任何选择，我们必须把不可能变成可能。""飞鲨"歼–15[2]创造了新机研制提前18天总装下线、从设计发图到成功首飞仅用10个半月的奇迹。罗阳前20年设计研发飞机，后10年指挥制造生产飞机，他从一名普通的飞机设计员成长为军工大型企业主要负责人，组织完成了多项国家重点航空装备研制和生产任务，以毕生的智慧和心血，一次次托举共和国战鹰完美升空，用生命圆了中国人心中的航空强国梦。

> 【知识链接】
>
> **[2] 歼-15舰载机是什么？**
>
> 　　航母是"海上霸王"，有很强大的震慑作用，对一个国家的海军至关重要。如果把航空母舰比作手枪的话，舰载战斗机就是它的子弹。因此，舰载机的质量和性能都能够直接影响到战争中的形势。
>
> 　　歼-15舰载机，中文绰号为飞鲨（Flying Shark），其优点是拥有很强的反舰导弹的能力，能够携带所有国产的精确打击武器，同时，它还安装了机炮。另外，歼-15具有明显的速度优势，在进行海上作战时，能够迅速夺取制空权。美国专家认为，歼-15是目前全球最重型舰载机，并且它的航程以及载弹量优势都非常明显，极大程度地扩大了中国航母的作战范围，并且使得中国航母作战更具有灵活性。

做低调人，行高调事

　　在同事们眼中，罗阳是一个低调的人。作为沈飞的一把手，他留下的影像资料却寥寥无几。以至于在罗阳去世当晚，沈飞办公室副主任翻遍电脑里的照片，却找不到一张罗阳的标准照。

　　罗阳生性低调，别说照片，偌大一个沈飞几乎找不到他的采访影像，只有他在生产现场的一些镜头。上级领导来视察，他让技术主管介绍工作，自己跟在一旁；集团公司领导合影时，作为主机厂一把手的罗阳总是往旁边站，秘书提醒他应该往中间靠，他却说："这种事情，站在哪里还不都是一样？"面对让他补拍标准照的催促，他总是嘴上答应，却从未行动。

　　谁曾想，这个用热情和生命托举战机升空的董事长去世后，竟然找不出一张像样的遗照，只能从某庆典留影上截下来一张！

　　罗阳去世后，去他家里吊唁的人络绎不绝。走进他简朴的家，像是走进了一张褪了色的老照片。老式的装修,陈旧的家具。客厅里的6盏灯,有3盏是不亮的。一张老旧的桌子,一碰就嘎吱嘎吱作响。人们不由得十分感慨:"一个国有大企业的老总,怎么住这样的房子?为什么不重新装修一下?"

这间房子,是罗阳在航空工业沈阳所工作的时候搬进去的。一个普通小区里的一个普通单元,他一住就是十几年。调到沈飞工作以后,公司考虑到他上班远不方便,3次研究调整他的住房,都被他拒绝了。他说:"我们家人口少,现在的房子已经足够住了,不必再考虑我的住房问题。"家里的窗户变形了,到了冬天直往屋里灌风,因为不愿给单位和同事添麻烦,罗阳就买来密封条自己动手。他答应过妻子,等他有时间会重新装修一下这个家,可是,醉心于工作的他一直抽不出时间,直到最后,斯人已去,屋子依旧。

一心装着中国航空发展,哪有空闲专注自身形象?罗阳常年穿着蓝色工装,甚至经常一身灰、一身泥地出现在人们面前,半点没有"老总该有的样子"。如果说因为他经常亲临工地,所以不讲究穿衣尚可理解,那么不剪头发又作何解释?

2007年刚上任沈飞总经理时,罗阳的头发还是乌黑油亮的,所以还发生过这样一件趣事:有一次,秘书发现他的头发有些长,提醒他该理发了,可他太忙了,总是一拖再拖。后来头发实在太长了，他才在秘书的催促下，去了理发店。刚一坐下，罗阳就对理发师说："简单点儿，越快越好！"片刻，只听理发师"哎呀"一声，连说："对不起！对不起！"秘书进去一看，罗阳前额的头发被剪了一片。原来罗阳睡着了，头往下一垂，理发师没留意，一剪子下去剪多了。没法弥补，只得将头发理得很短。回到沈飞，大家看了都有些诧异，有人问："罗总，换发型了？"罗阳尴尬地笑着说："机型要换了，发型也应该换。"但是到了2010年，罗阳额前的头发已经盖不住头皮了，再后来的一张侧影，后脑勺都几乎秃了。

国之重器，以命铸之

2012年11月24日，在世界各国的注视下，在中国人民的热切盼望中，我国第一架舰载机歼-15在航母辽宁舰甲板上成功起降，实现了几代中国航空人的梦想，也实现了中国航空工业从陆地到海洋的跨越。但就在十几个小时后，研制现场总指挥罗阳在辽宁舰完成舰载机起降训练靠岸时，突发急性心肌梗死、心源性猝死，经抢救无效与世长辞，年仅51岁。

早在当年8月辽宁舰入列时，海外媒体就曾断言，中国舰载机成功应用至少需要一年半时间。但实际上，我国只用了两个多月时间就实现了最为关键的起降试验。而在此之前，还首飞了两个重要型号的飞机。要知道，在国外，一个歼击机[3]机型从研发到制造再到成功试飞，一般需要10年到20年的时间，而沈飞竟同时进行了几个型号飞机的研发和制造。不得不说，这是一次前所未有的伟大胜利。

一架飞机需要数以万计的零件，任何一个零件出现问题都可能导致机毁人亡的惨剧。可想而知，在设计制造歼-15时，"沈飞人"啃了多少硬骨头，克服了多少重困难。

据了解，当时最大难点之一在阻拦索。准确钩住阻拦索从而有效减速是实现飞机在短距离内着舰的关键。技术要在规定时间内攻破，并且只能成功，不能失败。作为指挥，罗阳带领大家开展一次又一次试验，屡败屡战，终于在2012年初攻克了这一技术。

在生命的最后一个月，两大重点型号飞机相继成功首飞后，罗阳立即赶赴珠海航展，紧接着又飞去沈阳，转战"辽宁舰"，为舰载机助力。在最后的冲刺阶段，他的工作节奏从"711"变成了"720"，也就是每周工作7天，每天工作20个小时。正是因为这样日复一日的操劳，他积劳成疾，为他所热爱的航空事业献出了生命。"辽宁舰"也成了罗阳的最后一站。

【知识链接】

[3] 什么是歼击机？

军用飞机包括歼击机、强击机（攻击机）、轰炸机、侦察机等。歼击机属于战斗机的一种，即用于在空中消灭敌机和其他飞航式空袭兵器的军用飞机。歼击机的主要任务是与敌方歼击机进行空战，夺取空中优势（制空权）；其次是拦截敌方轰炸机、强击机和巡航导弹；还可携带一定数量的对地攻击的武器，执行对地攻击任务。

那是2012年11月25日上午，大连港码头彩旗招展，锣鼓齐鸣，人们欢呼雀跃，激动不已。胜利完成中国首次航母舰载机着舰任务的"辽宁号"缓缓驶入港口。罗阳在走下舰船时还与同事一一握了手。可谁也没想到，这竟是他们最后一次与罗阳握手。一个多小时后，罗阳突发心脏病，在离急诊部不到100米的地方，他的心脏停止了跳动。真可谓："五十载岁月，三十载追梦，梦未竟，人已逝，徒留战鹰呼啸以慰烈士英雄。"

【通识日课】

1. 你如何解读"做低调人，行高调事"？

2. 请大家结合罗阳的事迹，谈谈对"C位"的看法。

3. 你认为儿时的兴趣爱好和后来事业的成功有多大联系？

人类之所以脱颖而出，就是因为有一种对未知探索的精神。

——FAST 工程首席科学家、总工程师南仁东

建造世界探索宇宙之窗的他到底有多牛？

【导读】

宇宙之大，浩瀚无穷。地球上的人们为了探索宇宙，探索外太空，铆足了劲。有人说，中国"天眼"，全球唯一，是世界探索宇宙的窗口，"天眼"的所在地——贵州也因此成了地球上看得最远的地方。该项目的顺利建成让中国的天文探索事业领先其他国家二十年。

可是，在"天眼"建设之初，很多人都认为这是天方夜谭。无论从技术条件还是经济条件来看，这几乎是不可能完成的任务。一生逐梦、探索未知的他，毅然决然地付诸行动，将想法变成国之重器，倾其一生，直至病逝。

敢想就敢做

1984年，南仁东开始使用国际基线网，对活动星系核进行系统观测研究。此时的他已经是国际天文界的一流科学家，受到全世界天文界的青睐。在如此辉煌的时候，他毅然决然地舍弃了国外的高薪，回国就任中国科学院北京天文台副台长。当时，南仁东在国外的日薪已经等于国内的年薪！但是，他从未后悔过这个决定。

1993年，国际无线电科学联盟大会在日本东京召开。会上，科学家们提出，在全球电波环境继续恶化[1]之前，建造新一代射电望远镜[2]，以便接收更多来自外太空的讯息。

对星空探索痴迷的南仁东会后跟同事说："咱们也建一个吧。"当时，中国最大的射电望远镜口径还不到30米，所以计划建造500米口径球面射电望远镜简直是天方夜谭！当时，几乎所有业内专家都不看好这个项目。无论地质条件、技术条件还是工程成本都是巨大挑战。

但是南仁东并没有放弃,敢想就敢做。

【知识链接】

[1] 电波环境恶化的后果:

1. 电磁辐射污染危害人体健康。多种频率电磁波特别是高频波和较强的电磁场作用于人体后,会在不知不觉中导致人的精力和体力减退,使人的生物钟发生紊乱,记忆、思考和判断能力下降,甚至引起癌症等病变。

2. 干扰通信系统。大功率的电磁波在区域环境中会互相产生干扰,直接影响电子设备、仪器仪表的正常工作,使信息失误、控制失灵、通讯不畅,甚至严重事故,如飞机失事等。

3. 引发爆炸事故。高水平电磁感应和辐射可引起易爆物质和电爆兵器控制失灵,发生意外爆炸。高电平电磁感应和辐射可以引起挥发性液体或气体意外燃烧。

[2] 射电望远镜(Radio telescope)跟接收卫星信号的天线锅是一回事,通过锅的反射聚焦,把几平方米到几千平方米的信号聚拢到一点上,可以用它观测和研究来自天体的射电波,测量天体射电的强度、频谱及偏振等。射电望远镜由收集射电波的定向天线,放大射电信号的高灵敏度接收机,信息记录、处理和显示系统等构成。

主要用途:探测遥远的"地外文明";观测暗物质和暗能量,寻找第一代天体;用于太空天气预报;带动中国制造技术向信息化、极限化和绿色化的方向发展;服务中国航天项目,提高我国深空探测定轨能力,为嫦娥探月工程和更长远的深空探测等国家重大战略需求服务。

这个"大家伙",应该在哪里安家?

这是一个巨大的工程,第一个需要解决的问题是:到底应该把这个"大家伙"放在哪里?

射电望远镜要远离各种无线电波的干扰，而位于祖国西南的大山就有着建设"天眼"所需要的得天独厚的地理条件。在那里，四面的山体围绕着几百米的山谷，能够天然地挡住外面的电磁波。

于是，从 1994 年到 2005 年，南仁东自掏腰包踏遍了贵州大山里的数百个窝凼，只为给"天眼"寻一个合适的地方安家。在乱石密布、杂草丛生的喀斯特石山里，地上没有路，他只能在石头缝间的灌木丛中艰难前行。窝凼里的自然环境复杂，有时险不可测。有一次，南仁东在下窝凼时，天上下起了瓢泼大雨，山洪裹着沙石，浩浩泱泱地从上向下冲。南仁东往嘴里塞了颗救心丸，连滚带爬地回到垭口。

"天眼"工程台址与观测基地系统总工程师朱博勤回忆时说："有的大山里没有路，我们走的次数多了，才成了路。"终于，苍天不负有心人，经过对尺度规模、电磁波环境、生态环境、工程地质环境等因素的综合考量，项目组最终在贵州 391 个备选洼地里选中了条件最适宜的大窝凼。那里，附近 5 千米半径之内没有一个乡镇，25 千米半径之内也没有一个县城。大窝凼就是个四面环山、人迹罕至的山窝窝。

最为艰难的选址工作完成后，南仁东便一心扑在了"天眼"项目的建设上，希望能尽快建成启用。他将"天眼"的英文名字取为 FAST，也正是此意。

搞天文的科学家怎么啥都懂？

在南仁东看来，"天眼"建设并非经济利益所驱动，而是源自人类的创造冲动和探索欲望。因为热爱，所以探索之路永不停歇。

选址、论证、立项、建设，每一步都走得艰难。和南仁东共事的项目成员和许多工人们都记得，即使在炎热的夏天，为了确保工程的顺利进行，南仁东总会丢下饭碗就往工地上跑。"南老师对自己的要求太高，他要吃透工程建设的每个环节。"学生甘恒谦说。

2007 年，FAST 终于成功立项了，但却遇到了一个"性命攸关"的问题——索网的疲劳问题。大家知道，在工程建设过程中索网因要受力，有可能变形，而这在当时的工业界中还没有非常好的现成技术可以依赖。国家标准是10万次伸缩，而FAST需要200万次的伸缩，当时没有一例钢索[3]可以满足FAST工程的使用需求。开挖工程已经启动，如果索网问题不解决，一切工作都无法开展。南仁东承受着巨大的压力，几乎跑遍了半个中国，先后参与了一百多次试验，终于研制出了能满足FAST要求的钢索结构，成功化解了这个对FAST最具颠覆性的技术难题。

和南仁东初次见面的人们回忆说，他就像个农民一样，面容沧桑、皮肤黝黑，夏天穿着T恤、大裤衩，骑着自行车在工地里四处跑动。南仁东的助理姜鹏说，术业有专攻，每个人都有自己擅长的领域，但是对众多领域都颇有研究的人少之又少。在FAST项目组里，有人不懂天文，有人不懂力学，有人不懂金属工艺，有人不懂无线电。"这几样你能懂一两个就算不错了，但偏偏南老师几乎啥都懂。"有一次，工程开建要修一个水窖。施工方送来设计图纸，南仁东迅速标出几处错误后打了回去。施工方惊讶极了："哟，这个搞天文的科学家怎么还懂土建？"

南仁东除了学富五车外，对待科学研究，无比严肃和严谨。"天眼"建设中的任何瑕疵都逃不过他的法眼，他对任何环节都要求精益求精。"天眼"到底是一个多大的工程？用"天眼"馈源支撑系统高级工程师杨清阁的话说，这个工程大到"漫山遍野"。同时，每一个细节都需要格外精确。杨清阁说："南老师做的事，就是带领我们用漫山遍野的设备和零件建起这口精密的'大锅'。600多米尺度的结构，馈源接收机在天空中跟踪反射面焦点的位置度误差不能超过10毫米。"

【知识链接】

[3] 钢索的作用是什么？

1. FAST有6条400多米的钢索，用来吊起30吨重的馈源舱（信号接收单元）；
2. 钢索网联系着边框以及2000多个天坑地表面上的小电机，这些电机配合动作，控制着钢索网的形状，就像水手扯动缆绳控制帆的朝向一样，通过拉扯钢索网来变形天线锅，以接收不同方向的信号。

生活中的南仁东也有率性、幽默的一面。一次出国访问，在禁烟区犯了烟瘾，他开玩笑说，应该将"No smoking（禁止吸烟）"改成"Now smoking（现在吸烟）"。

南仁东一生中最后二十多年的光阴都奉献给了"天眼"的建设。他对"天眼"，就如母亲对自己的孩子般珍视。他常常独自登上高高的塔顶，爱恋地俯瞰着整个工程的全貌。虽然年过七旬，但是上坡下坎时，谁要是想伸手扶一下，他的手会用力一甩，脸上还会露出不悦。可是谁曾想到，对各项工作如此严谨、常常处于深思冥想中的南仁东，最开心的时候，竟像个孩子般在FAST圈梁上欢快地跑步。

"观天巨眼"赶超其他国家20年

2016年9月26日，在南仁东的带领下，我国自主建设的FAST落成启用，"观天巨眼"，成为世界上最大最强的射电望远镜，让中国的天文探索事业赶超其他国家20年。

"天眼"是目前世界上最大、最灵敏的单口径射电望远镜，可以接收到百亿光年外的电磁信号。它有着超高的灵敏度和巡天速度。利用它，人类可以观测脉冲星、中性氢、黑洞等宇宙形成时期的信息，探索宇宙起源。与此前闻名于世界的两个最大射电望远镜相比（一个是号称"地面最大机器"的德国波恩100米望远镜，另一个是被评为人类20世纪十大工程之首的美国阿雷西博300米望远镜），FAST的灵敏度比德国波恩 100 米望远镜提高了约 10 倍，比美国阿雷西博 300 米望远镜提高了约 2.25 倍，并且在观测时会变换角度，接收更广阔、更微弱的信号。预计在未来 10—20 年时间里，FAST 将一直保持世界领先的水平。

"天眼"的落成，开启了中国射电天文学[4]的"黄金期"。

【知识链接】

[4] 什么是射电天文学？

"射电"是比红外线频率还要低的电磁波段。射电天文学是天文学的一个分支，通过电磁波频谱以及无线电频率研究天体。射电天文学以无线电接收技术为观测手段，观测的对象遍及所有天体：从近处的太阳系天体到银河系中的各种对象，直到极其遥远的银河系以外的目标。射电天文学使用的是一种崭新的手段，为天文学开拓了新的园地。

变身星辰，守护"天眼"

2017 年 9 月 15 日，南仁东因为劳累过度，病情加重，肺癌突然恶化，经抢救无效逝世，享年 72 岁。遵照南仁东的遗愿，丧事从简，不举行追悼仪式。最懂"天眼"的人走了，他的离开犹如他生前一般低调。

为了纪念南仁东在天文学领域作出的巨大贡献，2018 年 10 月 15 日，中科院国家天文台宣布，将一颗国际永久编号的小行星正式命名为"南仁东星"。从此，天上多了一颗"南仁东星"，守护着"中国天眼"，也守望着中国的天文学事业，希望年轻一代的天文学者能运用所学之识，用研究成果，服务国家，回馈射电天文界。

探索宇宙的奥秘，是南仁东一生的追求。他曾写下过这样的诗句："感官安宁，万籁无声。美丽的宇宙太空以它的神秘和绚丽，召唤我们踏过平庸，进入它无垠的广袤……"南仁东探索一生、奉献一生的精神，犹如天上的星星一般，指引着我们新时代的年轻人为了理想，奋力拼搏，永不放弃。

【通识日课】

1. 在"天眼"项目正式立项之前，有那么几年时间，南仁东成了一名"推销员"，大会小会、中国外国，逢人就推销自己的大望远镜项目。"我开始拍全世界的马屁，让全世界来支持我们。"他一度这样自嘲。黑格尔也曾经说过："一个民族总要有一群仰望星空的人，他们才有希望。"结合南仁东的故事，谈谈你的理解。

2. 在天文学家看来，地外文明是存在的，你认为呢？

如果用拯救多少人的生命来衡量伟大程度，那么屠呦呦无疑是史上最伟大的科学家之一！

——英国广播公司（BBC）发起的20世纪最伟大人物评选中对她的评价

新时代的"神农"尝百草

> **【导读】**
>
> 2015年,诺贝尔生理学或医学奖授予中国药学家屠呦呦以及爱尔兰科学家威廉姆·坎贝尔和日本科学家大村智,以表彰他们在寄生虫病治疗研究方面取得的成就。
>
> 诺贝尔生理学或医学奖是中国医学界迄今为止获得的国际最高奖项,屠呦呦是中国首个获得诺贝尔奖的女科学家。她的获奖也改变了世界上许多人对中医药的排斥和偏见。2019年,她被授予"共和国勋章"。

敢为众人之大不韪

很多人不禁问道:"为什么是屠呦呦?"

也许我们能从屠呦呦14岁时,哥哥屠恒学给她的赠语中得到启示。

哥哥说:"学问是无止境的,所以当你局部成功的时候,你千万不要感到满足,当你不幸失败的时候,你亦千万不要因此灰心。呦呦,学问决不能使诚心求她的人失望。"

胜不骄,败不馁。坚持追求真理,坚持探索学问的心如同一盏明灯点亮着屠呦呦在医药科学中前行的道路。

试问,有谁能埋头研读古籍,广泛整理、收集历代医籍,查阅群众献方,请教老中医专家,收集了2000多种方药,编写了640种中药为主的《疟疾单秘验方集》,只为快速找到抗疟有效成分?

有谁能在经历了数不清的失败后,还能静下心重新埋头苦读医书,再坚定地继续尝试,日夜思量"青蒿一握,以水二升渍,绞取汁,尽服之",最终找到用沸点只有34.6℃的乙醚代替水提取青蒿素的方法，将对疟原虫抑制率提高到100%？

有谁能在实验环境简陋，没有通风系统和实验防护的情况下，毅然开展实验，在患上中毒性肝炎后毫不退缩，仍然坚守一线？

有谁能为了让青蒿乙醚中性提取物尽快适用于临床试验，甘当"小白鼠"，以身试药，确保使用青蒿素的安全性？

有谁能为了验证青蒿素的疗效，不顾自身安危，第一时间赶去海南疟区现场执行临床抗疟任务，亲自给病人喂药，以确保用药剂量？

是谁守在床边观察病情，测量体温，详细了解血片检查后的疟原虫数量变化，以了解临床试验的真实效果？

有谁能为了倾注全力研制青蒿素，将女儿送去老家寄养，由于长时间骨肉分离，女儿接回家时都不愿叫她妈妈？

屠呦呦做到了这一切。

排除万难，只为获取有效抗疟药方。在祖国需要她的时候，她便全力以赴，倾注所有。

呦呦鹿鸣，食野之蒿

屠呦呦1930年12月30日出生在宁波，当时正是一个动荡的年代。在她出生前，屠家已有3个儿子。日思夜盼的"千金"出世时的哭声使父亲屠濂规沉浸在幸福的喜悦之中。"女诗经，男楚辞"是中国人古有的取名习惯。父亲随口吟诵《诗经》中的诗句"呦呦鹿鸣，食野之蒿"，于是他便给小女取名呦呦。据说，他吟完此句，便接着对仗一句"蒿草青青，报之春晖"。这似乎在冥冥之中如天意一般让屠呦呦的一生与青蒿结下了不解之缘。

宁波重教风。屠呦呦作为家中的女孩，也同哥哥一道，接受了完整的教育。只是，屠呦呦从16岁开始，学习中断了两年多。因为她遭受了一个巨大的考验——

不幸染上了肺结核。幸运的是，经过两年多的治疗调理，屠呦呦病愈并继续学习。这段患病经历，在屠呦呦看来，正是她对医药学产生浓厚兴趣的起源。

1951年夏天，高中毕业的屠呦呦的求学之路还将继续。在填报志愿时，并没有医学家传的屠呦呦，毅然填报了北京大学医学院药学系，成为新中国首批女大学生中的一员。大四那年，药学各班分科，按照不同方向分为药物检验、药物化学和生药三个专业。选择药物化学的最多，有40多人，选择生药[1]的最少，只有12人，其中一位便是屠呦呦。

尽管分了专业方向，但是不同专业的基本课程都在一起上，只是各有侧重。所以，除了生药学课程外，屠呦呦还学习了药物化学和植物化学，学习了如何从植物中提取分离有效成分，研究化学性质，鉴定化学结构，撰写化学鉴定方法以及对其进行研究，包括提取有效成分时如何选择不同的萃取剂。这些生药学科的基础课程和植物化学课中的方法教育，为屠呦呦今后从事的工作奠定了坚实的基础，并成为她日后工作的两个主要方面。

【知识链接】

[1] 生药的英文为Crude drug，意指纯天然未经过加工或者简单加工后的植物类、动物类和矿物类中药材。

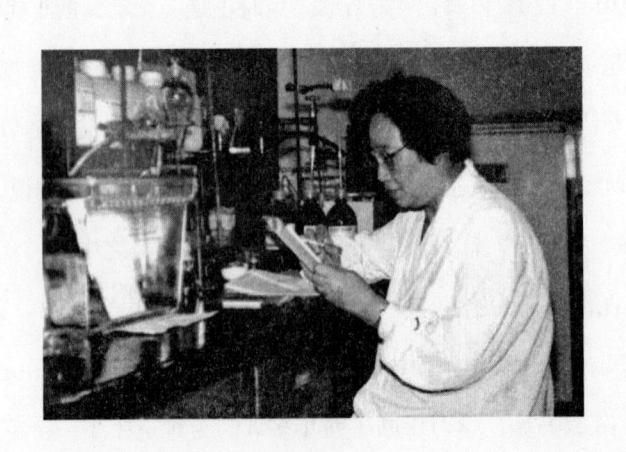

成功青睐有准备的人

在20世纪五六十年代的中国医药界,中医学习西医已形成风气。1954年,毛泽东高瞻远瞩地提出了"西医学习中医"的口号,主张中西医结合,目的在于取中医和西医之长,创造一个既高于中医,又高于西医的新医学,为建设新中国服务。在当时,中西医结合并不像现在这么常见。这对当时的中国医学界而言,是一个极富挑战的发展思路。毛泽东指出:"如果先学了西医,先学了解剖学、药物学等,再来研究中医、中药,是可以快一点把中国的东西搞好的。"1958年,毛泽东作了"中国医药学是一个伟大的宝库,应当努力发掘,加以提高"的著名批示。

1959年,参加工作4年后,屠呦呦成为卫生部组织的"中医研究院西医离职学习中医班第三期"学员,开始系统地学习中医药知识。这为日后屠呦呦在中医药中得到治疗灵感,继而找到青蒿素埋下了伏笔。

在这个学习班上,不仅掌握了理论知识,而且参加了临床学习。同时,根据自己生药的专业知识,她还深入药材公司,向老药工学习中药鉴别及中药炮制技术,并参加北京市的中药炮制经验总结,对药材品种、质量的鉴定以及炮制技术有了比较充分的认识。学习结束后,屠呦呦参与了卫生部下达的中药炮制研究工作,是《中药炮制经验集成》一书的主要编著者之一。

成功青睐于做好准备的人。

正是这次极具开创性的脱产培训,让屠呦呦真正开始熟练掌握熟读中医和西医两种医学语言的能力,了解各自的历史和差异,从而将传统的中医学知识经验与现代生物医学相碰撞、融合,为青蒿素的研究奠定了扎实的基础。

遥远东方的神药——青蒿素

疟疾[2],与艾滋病和癌症一起被世界卫生组织列为世界三大死亡疾病。在青蒿素问世和广泛推广之前,全世界每年约有 4 亿人次感染疟疾,至少有 100 万人因此失去生命。病患和死亡者主要集中在撒哈拉以南的非洲地区,人们常常因为负担不起昂贵的传统抗疟药物,不治而亡。

1995 年,在肯尼亚的疟疾重灾区奇苏姆省,有位孕妇得了疟疾。如果采用当时传统的奎宁或者氯喹治疗,即使母亲能顺利活下来,药物也很容易导致胎儿流产或者畸形。在尝试使用了中国的青蒿素抗疟药"科泰新"之后,奇迹发生了!孕妈妈不仅战胜了疟疾,生下的小宝宝也健健康康!这位母亲抱着新生儿,激动得热泪盈眶,给孩子取名"科泰新",以铭记中国神药的救命之恩。

青蒿素成了人们的救命良药。

青蒿素的独特之处在于它不仅能攻克抗氯喹疟原虫感染所致的疟疾,还能对付多药耐药[3]疟疾,而且几十年来仍然保持奇高的治愈率。那么,是什么原因使青蒿素具有如此大的疗效?为什么疟原虫不易对青蒿素产生耐药性呢?

奥秘就在于青蒿素分子结构中特有的"过氧桥",这也正是青蒿素杀灭疟原虫的关键点。由于青蒿素作用非常快,疟原虫还来不及诱导抗氧化酶及抗氧化剂的合成。同时,红细胞不含细胞核,没有染色体和基因组。因此,红细胞与栖身其中的疟原虫缺乏足够的抗氧化活性物质保护,一遇到青蒿素,几乎丧失了活性。

目前,以青蒿素类药物为主的联合疗法已经成为世界卫生组织推荐的抗疟疾标准疗法。据津巴布韦卫生部 2010 年至 2013 年进行的一项追踪调查,服用青蒿素抗疟药物的疟疾患者治愈率高达 97%。在南非的夸祖鲁纳塔尔省,中国的复方蒿甲醚使疟疾患病数量减少了 78%,死亡人数下降了 88%。在西非的贝宁,很多民众将来自中国的效果奇佳、价格便宜的药物称为"遥远东方的神药"。

世界卫生组织非洲区事务负责人特希迪·莫迪说,青蒿素治疗疟疾的发现给世界人民的健康福祉带来了巨大变化,挽救了大量非洲人民的生命。

在英国广播公司(BBC)发起的 20 世纪最伟大人物评选中,屠呦呦是与物理学家居里夫人、物理学家爱因斯坦以及数学家艾伦·图灵并列的巨人。她入选的理由是:"如果用拯救多少人的生命来衡量伟大程度,那么屠呦呦无疑是史上最伟大的科学家之一!"

【知识链接】

[2] **疟疾**,中国民间俗称"打摆子",在今天的中国已基本绝迹。患者发起病来一会高烧焚身,一会如坠冰窟,颤抖不止。

[3] **什么是耐药性?** 理论上讲,任何药物在长期使用过程中都可能出于使用不当等原因,出现敏感性降低和耐药性提高乃至药效逐渐消失的现象。

获得诺奖后,相比获奖的喜悦,屠呦呦更在乎的是这个奖对中医药学的意义。在当今社会,并不是所有人都了解中医药的重要性和有效性。不可否认,社会上还有许多人对中医药存在偏见和误解。在颁奖典礼上,屠呦呦讲述完她和团队在全国大协作的背景下研发青蒿素的历程后,颇为激动地说:"中国中医药是一个伟大宝库,应当努力发掘,加以提高。青蒿素正是从这一宝库中发掘出来的。我深深感受到中西医药各有所长,两者有机结合,优势互补,定当具有更大的开发潜力和良好的发展前景。中医药从神农尝百草开始,在几千年的发展中积累了大量临床经验,对于自然资源的药用价值已经有所整理归纳。"她呼吁,通过继承发扬、发掘提高,一定会有所发现,从而造福人类。

中华文化博大精深,中医药就是中华文明几千年的创造与积累。中国中医科学院院长、中国工程院院士张伯礼深有感触,他谈到屠呦呦获诺贝尔奖的启示时说道,中医药独特的理论体系和原创思维,蕴含着巨大的创新潜力,中医药发展需要与现代科技相结合,提高医疗卫生服务能力,造福人类。在大力弘扬中华文化的今天,我们年轻一辈更应该学习、继承、发扬中医药的药用价值,为更多病人带去福音,为更多的人了解、认可中医药学作出贡献。

【通识日课】

1. 请说出 2—3 种中药材名称，谈谈你对"中西医"结合疗法的看法。

2. 近年来，关于中、西医哪个更有用的讨论越来越多。你怎么看待这个问题？在日常生活中，生病之后你会求助中医还是西医呢？为什么？

下篇

社会人文

此生命定，我就是个莫高窟的守护人。

——敦煌女儿樊锦诗

青春到白发，是谁守护了这千年的历史与文化？

> 【导读】
>
> 舍半生，给茫茫大漠。从未名湖到莫高窟，守住前辈的火，开辟明天的路。半个世纪的风沙，不是谁都经得起吹打。一腔爱，一洞画，一场文化苦旅，从青春到白发。心归处，是敦煌。
>
> 这是2019年"感动中国十大人物"给她的颁奖词。短短五句话，是她一生的真实写照。试问，世间有几人能将半生心血献给大漠，在这场文化苦旅中，拼劲了所有的力气，尝尽骨肉分离的苦，为的是坚守莫高窟千年的历史与文化传承？

个子小小的她，瘦小但不文弱，从青春到白发，从未名湖畔到敦煌石窟，从繁华高楼到荒凉沙漠，半生年华，只为守住一颗初心。她前行的岁月中，承载了太多的历史重担，为保护、研究、弘扬中华民族优秀传统文化——敦煌莫高窟，付出了常人难以想象的艰辛。她创造性地解决了保护与利用的矛盾，通过全新的"数字敦煌"，实现了永久保存，永续利用的目标，既保护了莫高窟文物，又让更多的人了解了中国璀璨的传统文化。她就是"敦煌女儿"——樊锦诗。

误打误撞进了个"很好玩"的专业

樊锦诗祖籍浙江杭州，1938年7月9日生于北平，长于上海。樊锦诗的父亲樊际麟，毕业于清华大学，是一位工程师。父亲的外语特别好，非常热爱中国古典艺术和文化。在时局动荡的年代，父亲和母亲仍竭尽全力让她们兄弟姐妹从小接受很好的教育。出生在战争年代的她，从小就目睹过什么是"十里洋场"，也目睹过城市贫民和无家可归的流浪人群。爱国热情从小就在心中生根萌芽。1945年8月抗战胜利，日本无条件投降。当胜利的消息传来时，七岁的樊锦诗全身血液都沸腾了，对祖国的热爱影响着她一生的思想和行为。

樊锦诗自幼比较懂事，但身体却不是很好。在上小学三四年级的时候，她患上了小儿麻痹症。虽然受到命运眷顾，她神奇般地恢复了，基本没有留下什么后遗症，但是自此以后，她总感觉腿脚不是特别利索。此外，她还有低血糖。上小学和中学的时候，她经常上着课就慢慢觉得老师的声音飘到很远的地方，然后渐渐失去知觉。这也是为什么家里人特别放心不下她的原因。

谁知，高中毕业时，樊锦诗没有征求父母的意见，就大胆地在志愿表上填写了远在异乡的北京大学。1958年9月，樊锦诗一个人从上海坐火车去北大报到。当时坐的是慢车，要坐三天三夜。她出发之前，并不知道当年北京大学报到的时间推迟了，尽管为了这件事，《人民日报》还专门刊登了一个通告。因此，当她到达北京火车站时，发现一个接待新生的人都没有。于是，她只好自己想办法找到了北大。

第一次到北大，樊锦诗非常激动。因为行李还没有寄到，她就在北大27斋的一块木板上将就睡了一晚。结果着凉，半夜发起了高烧。在北京人生地不熟，只能硬撑到第二天。早上，碰到历史学系一位高年级的学长，一问才知道报到的时间推迟了。怎么办？总不能又回上海吧？学长见她的字写得还可以，就让樊锦诗帮他抄文稿。于是，在等待报到的日子里，樊锦诗每天就到历史学系办公室抄文稿。听高年级的同学说起考古专业，她觉得很神秘。有同学说，考古专业很好玩，可以经常到野外去游山玩水。对人生懵懂的她，觉得如果念考古专业既能够饱读诗书，又能游遍名山大川，岂不妙也？而且在上海的时候，父亲经常带她去博物馆看文物展览，她知道很多精美的文物都是经过考古发掘出土的。所以，樊锦诗对考古专业充满了遐想，入学不久分专业时就报了考古专业。后来她才知道其实并没有多少人学考古，因为太苦了。

此生命定，一去是终生

樊锦诗在自传中提到，与敦煌的关系冥冥之中开始于她在中学时读过的一篇关于莫高窟的课文。课文里说到莫高窟是祖国西北的一颗明珠，有几百个洞窟，洞窟里不仅有精妙绝伦的壁画，还有形态各异的彩塑。上大学时，凡是和敦煌有关的展览，她也格外关注。因此，她很早就听说过常书鸿和段文杰这些研究和保护敦煌文物的前辈们。

1962年，时任敦煌研究所所长的常书鸿先生认为敦煌莫高窟南区危崖加固工程绝不是简单地在窟外挖地基，一定需要考古工作人员的介入。因此，常先生希望北大能调一些考古专业的学生进行莫高窟外的考古发掘。樊锦诗被选中了，这次实习，开启了她与莫高窟的不解之缘。

在去的路上，樊锦诗想象常书鸿先生应该是风度翩翩的艺术家（在她看来，常先生是去过法国，喝过洋墨水，放弃优渥的生活跑到西北荒漠守护莫高窟的传奇人物），研究所也应该是充满艺术气息的地方。结果到了一看，她就傻眼了。工作人员个个都面黄肌瘦，穿着洗得发白的工作服，丝毫没有文艺范。原来，1959年起，我国经历了持续三年的困难时期，甘肃是重灾区。虽然困难时期已过，但当时敦煌地区的粮食依然非常短缺。

尽管敦煌的生活很多方面都不尽如人意，但是敦煌带给她的感受还是非常震撼的。樊锦诗被窟内的壁画和彩塑深深地吸引。窟内的温度比想象的低，随时都能感到一股刺骨的寒气从地面升起来。但她却忘记了寒冷，忘记了疲惫，完全沉浸在光影交错、生动形象的壁画和塑像艺术中。

然而这次实习并不顺利。樊锦诗提前离开了敦煌。为什么呢？原来是因为敦煌昼夜温差大，气候干燥，樊锦诗本来体质不好，产生了严重水土不服。再加上营养跟不上，她几乎每天都失眠，经常三四点就醒了。上洞实习的时候，也经常走不动。宿白先生怕她出事，就让她提前离开了。

1962 年是敦煌历史上一个重要的时刻。周总理批示拨出巨款，启动敦煌莫高窟南区危崖加固工程。但是在加固工程实施前，需要在窟前进行考古遗迹的发掘清理工作。当时敦煌研究所没有专业考古人员。常书鸿先生希望北大可以推荐四名参加实习的学生到敦煌工作，樊锦诗位列其中。第一次去实习就出现了水土不服的情况，如果到那里工作情况会不会更糟糕？樊锦诗说，只要是国家需要，就愿意无条件服从。上次从敦煌回来，樊锦诗念念不忘敦煌石窟里的壁画和造像，在潜意识里，她是非常喜欢敦煌、喜欢莫高窟的。樊锦诗暗下决心，这次一定不能半途而废。但是，她没有想到，这一去就是一辈子，她将自己的一生交给了敦煌。

如何让敦煌永生

敦煌莫高窟的洞窟就像蜂房一样错落地分布在悬崖边，就好像成百上千的眼睛，每一双眼睛里都充满了沧桑和神秘。16 世纪中叶，明朝政府封闭嘉峪关，关外人民内迁，敦煌沦为边荒之地，逐渐被人遗忘。从封关到 1944 年敦煌艺术研究所成立的四百年间，莫高窟处于无人看管维护的状态，任由窟檐朽烂、窟门遗失、窟室坍塌、沙子入侵、河水倒灌，还有旅人或散兵在里面搭伙煮饭。

经过敦煌研究院保护专业人员的多年调查、勘测和研究，保护洞窟壁画和彩塑已经刻不容缓。莫高窟面临的主要问题是风沙的自然侵害、水的入渗和可溶盐的危

害、地质灾害以及人为导致的破坏。樊锦诗很清楚地认识到，莫高窟就像人一样，会慢慢走向衰老。她要做的工作就是想办法抢救和补救，尽量延缓它的衰老，延长它的寿命。

樊锦诗带领研究院，以与国内大学合作、与国际组织合作的方式，开展莫高窟保护与抢救工作。比如，在美国盖蒂基金的支持和美国盖蒂保护协会的直接参与下，他们基本掌握了莫高窟崖顶风沙迁移规律，在崖顶建立了长达3240米的A字形高立式尼龙防沙网。随后又在A字形沙障往西，培植了两条人工防沙林。2008年，又在原有风沙防护项目的基础上，增加了砾石铺压，扩大了高立式阻沙栅栏、草方格和植物固沙林带防护，将风沙对莫高窟的危害降低至最低。

为了解决壁画的三大病害，即空鼓、起甲、酥碱的问题，敦煌研究院在20世纪80年代末率先在国内的文博系统中开展对外合作，学习国际先进保护理念和保护技术，认识到文物保护不仅是文物病害发生之后的修复，还要从环境影响和制作材料及制作工艺出发，对壁画危害的原因和发生过程进行综合研究，从病害发生源头加以防控，逐渐从"抢救性"保护过渡到"预防性"保护。目前，每一个开放洞窟和部分重点洞窟都安装了温度、湿度和二氧化碳传感器。在监测中心，装置了能够显示莫高窟窟区大环境、洞窟微环境、游客数量、参观路线等多个内容的屏幕，以协助管理人员及时掌握莫高窟的最新"情况"。

莫高窟自1979年正式向社会开放以来，游客人数逐渐增多。当年研究所段文杰院长考虑到了游客增多带来的问题，便打算建一座博物馆，将一部分游客分流到博物馆去。在中日双方努力下，建成了可以展示不少1∶1复制的洞窟的博物馆，然而游客并不爱看。樊锦诗非常敏感地意识到这是一个亟待解决的大问题。于是，她带领敦煌研究院和美国盖蒂保护协会合作开展"莫高窟游客承载量研究"项目，同时挖掘新的旅游方式，以满足旅游开放的需要，并契合文物保护的管理模式。

在樊锦诗和其他政协委员的提议下，国家发改委批复建立数展中心。4K高清宽银幕主题电影《千年莫高》片长约20分钟，超越民众、国家与宗教的界限，带领观众从人类文明的角度看敦煌。8K超高清实景球幕电影《梦幻佛宫》将数字化的精美洞窟壁画，利用球幕特殊的空间形状，呈现几乎接近真实洞窟空间的展示效果。通过影院场次轮替固定的时段人数，能够让每天的参观人员按时段平均有序地进入洞窟，降低洞窟参观人数峰值，起到保护壁画的作用。

石窟及其壁画的逐渐退化和病变让樊锦诗寝食难安。经过研究和多方学习，她第一个提出"永久保存、永续利用"人类珍贵文化遗产莫高窟的想法。她坚信，利用数字摄影和图像处理技术，拍摄、储存壁画的高分辨率影像是唯一能完整记录并永久保存壁画信息的技术手段。所以在"数字敦煌"筹备过程中，无论遇到什么难题，她都全力以赴。

樊锦诗坚信，只有科学保护才能让敦煌永生，才能让敦煌这颗历史的明珠永放异彩。

相爱珞珈山，相守莫高窟

樊锦诗说，没有她的丈夫彭金章对她的爱和理解，她根本不可能在敦煌日复一日、年复一年地坚守下来，更不能全心全意地去做敦煌的工作。

樊锦诗说，老彭是打着灯笼都找不到的好丈夫，而她自己既不是一个好妻子，也不是一个好母亲。

和丈夫结婚以来，两地分居19年。第一个孩子在敦煌出生。因为种种因素，原本打算在武汉生孩子，所有的婴儿用品都在武汉。所以，孩子出生时，连件衣服也没有，樊锦诗只能用自己的衣服裹着孩子赤裸的身体。经过两天两夜辗转换乘，丈夫老彭从武汉赶到敦煌。听人说孩子出生了好几天，还光着屁股，难过得直掉眼泪。

休完产假，没有人帮着带孩子。要上班，只能把孩子捆在襁褓里。随着孩子一天天长大，这是非常危险的事。最后，她只得把孩子送走，请老彭姐姐帮他们带。等到老二出生的时候，樊锦诗也不得不把他送走，到别处寄养。所以，她对孩子始终怀着内疚。在家里，她从不训斥孩子，尽量理解、善待和引导他们。随后很长一段时间里，彭金章又当爹又当妈地拉扯孩子长大，同时还要承担繁重的学科建设工作。当时，他在武汉大学历史系担任系领导和考古教研室负责人，从零开始建立了考古专业。他不仅要讲授商周考古，带学生外出考古，而且还负责培养了武汉大学第一批考古学教师队伍。

但是异地工作的两人，为了各自的理想，相互理解，相互支持。后来，为了支持樊锦诗的工作，彭金章放弃了自己热爱的事业，也放弃了自己亲手建立的武汉大学考古专业，与樊锦诗相守莫高窟，研究莫高窟北区考古，并开辟了敦煌学研究的新领域。

樊锦诗说，敦煌研究院的每一个人都知道"坚守大漠、勇于担当、甘于奉献、开拓进取"的"莫高精神"。他们中的许多人，在非常艰难的情况下，将一生奉献给了敦煌。

她说："在我看来，每一个能够离开优渥的生活来到莫高窟的人，都怀着可贵的信念，也都战胜了那些世俗意义上的诱惑和欲望。"

是的，她也做到了这所有的一切，奉献一生，心系莫高、守护着莫高。

【知识链接】

什么是敦煌文化？

敦煌，位于中国甘肃省河西走廊西端，北有马鬃山，南有祁连山，是一个冲积而成的绿洲。它的地理位置十分重要，东接中原，西邻新疆，自汉代以来，一直是丝绸之路上的重镇。

早在四千年前，就已经有先民在敦煌地区活动了。两千多年前，汉王朝就在此设立了敦煌郡的行政建制。敦煌伴随着古丝绸之路兴盛与繁荣的一千年，催生了公元4—14世纪的莫高窟艺术和藏经洞文物，见证了东西方文明荟萃交融。

敦煌莫高窟创建于公元366年，建造长达千年之久，是世界上现存规模最大、保存最完好的佛教石窟艺术圣地。在1700多米长的断崖上保存了735个洞窟、45000平方米壁画、2000多身彩塑。为了向目不识丁的民众宣扬佛法，僧众和画师通过艺术的形式展现给世人一部立体的绘画史、雕塑史和佛教史。

敦煌藏经洞出土的佛教经卷、社会文书、刺绣、绢画、法器等文物，蕴藏着几个世纪以来有关中国古代政治、经济、军事、天文、历史、地理、文学、艺术、医药、科技以及中西文化交流等各个领域的文献，简直就是一部中国古代的百科全书，其中大部分是印刷术使用之前的手写珍品。这些文书的书写时间不等，除使用汉文和藏文外，还有大量不再使用的古老文字。

然而，由于晚清政府腐败无能，西方列强入侵中国，敦煌藏经洞的文物未能得到妥善保管。英国人斯坦因、法国人伯希和、日本人橘端超、俄国人奥登堡等外国探险家从无知、贪婪的王道士手中骗取了藏经洞文物，导致文物遭遇掠劫，流散在世界各地，仅有少数保存于国内，造成中国文化历史上的大浩劫。直至1944年，敦煌艺术研究所成立，敦煌艺术才开始得到保护、研究和管理。藏经洞的价值，不仅在于发现的文书和艺术珍品，文物的保持、收藏方式对于历史研究也具有非常重要的价值。

【通识日课】

1. 文物的"抢救性"保护和"预防性"保护有什么区别?

2. 观看纪录片《千年莫高》,并分享给你的同学和朋友。

3. 保护历史文物,传承古人智慧:从《国家宝藏》到《如果国宝会说话》,从数字敦煌到"网红故宫",我们保护文物的手段越来越现代化,也越来越接地气。作为大学生,我们能为文物保护和文化传承做些什么呢?

不管你到哪个国家，说起中国的建筑，大家都会说起吴良镛。

——著名建筑学家贝聿铭

梁思成林徽因亲笔推荐的一代"国匠"

> **【导读】**
>
> 自1945年,梁思成诚挚邀请他去清华大学建筑系当助教,转瞬已是70余载。
>
> 2021年3月31日,"国匠:吴良镛学术成就展"开幕式在清华大学艺术博物馆举行。
>
> 2021年5月7日,庆祝吴良镛99岁生辰的生日茶话会在清华大学建筑学院多功能厅举行。
>
> 他被人封作"国匠",而自己却谦称只是一名清华"园丁"。在望百之年,他说"不敢懈怠",最大的心愿就是让人们能够"诗意地栖居在大地上"。
>
> 他是谁?
>
> 著名美籍华裔建筑学家贝聿铭曾说过:"不管你到哪个国家,说起中国的建筑,大家都会说起吴良镛。"
>
> 吴良镛,新中国建筑教育事业的开拓者之一;他创建了人居环境科学,是我国建筑与城市规划领域的学术带头人;他还是首位获得国家最高科技奖表彰的建筑师。

熊熊战火点燃"人居"梦

吴良镛读小学时,东北失陷;读中学时,华北告急。整个读书时代,祖国各地战火不断,人民饱受欺凌。

面对侵略者,全国人民积极抗日,吴良镛也参加了童子军。在露营中,他依照中国地图的形貌设计了一个灶台,灶台的中央支起一口圆锅,寓意"中原鼎沸",在东北方向作排烟囱,寓意"东北烽火"。这个"地图灶"的设计充分传达了少年吴良镛的爱国情怀。

但战事吃紧，战火熊熊，偌大的中国很难找到一个安放书桌的地方。吴良镛跟随兄长辗转到武汉、重庆继续求学读书。令他记忆最深的一件事发生在1940年7月27日，那天是大学入学考试的最后一天，刚考完没多久，警报突然响了，吴良镛和同学们急忙跑到蟠龙山下的防空洞躲避，刚一入洞，便地动山摇，防空洞里碎石纷纷脱落。在防空洞里待了一两个小时，等他们走出来就发现半个合川县城都在燃烧，耳边传来绵绵不绝的人哭狗吠，那种凄惨绝望，让人毛骨悚然。

同年，吴良镛考取中央大学，但每念及合川被炸仍然呼吸局促，仿佛又看到被轰炸后的合川街道，以至于大二选报专业时，他毅然选择了建筑系。

"安得广厦千万间，大庇天下寒士尽欢颜！风雨不动安如山。"然而1942年，吴良镛读大二时，当时伫立于重庆嘉陵江边的中央大学建筑系系馆的屋顶被暴风雨掀走了。工人在整修屋顶时接触到高压线，不幸去世，这件事对他触动非常大。他说，想到杜甫诗句所言，看到眼前屋顶被风掀翻，工人不幸去世，心里的"人居"之梦也被点燃了。

到了大三下学期，吴良镛对专业学习豁然开朗，于是他加强了课外阅读。由于当时中国沿海为日军盘踞封锁，重要的学习资料只能从喜马拉雅山的驼峰航线运过来，所以吴良镛格外珍惜这些学习资料，认真研读后，他发现西方学者在"二战"尚未结束时就已经开始着手战后的城市改建、住宅建设的研究了。这令他顿悟，加深了对专业的认识，他将所思所想，凝结成文章《释"阙"》，发表在《建筑》杂志第六期上。

追随梁思成林徽因，走进建筑殿堂

1945年，在重庆做战区文物保护工作的梁思成、林徽因，看到了吴良镛的《释"阙"》，便邀请他前来谈一谈。吴良镛说："对我来说，这是一次重要的会见，我作出一个抉择，从此定下了我一生的道路。"

中国有句古话，"学莫便乎近其人"。在重庆跟着梁思成学习的两个月时间里，吴良镛不仅拓宽了知识面，而且深刻领悟了大家风骨。初见梁思成时，梁思成得了脊椎骨硬化症，身体情况并不好。医生在梁思成的胸部配了一个钢架，钢片外面用纱布裹起来。甚至能从纱布间看到锈色。由于画图的时候肩膀不能动，梁思成就把下巴放在一个长颈的花瓶上，来减轻颈部的负担。尽管身体差，梁思成仍然坚持看书写作，完成了《市镇的体系与秩序》的学术研究，这对吴良镛的触动很大。

梁思成非常惜才，1946年他远赴美国耶鲁大学前，还特意交代吴良镛要完成《建筑初步》课程的十个作业题。为了给新中国培养一批建筑人才，国外访学的梁思成归国前，还特意去看望了20世纪中叶美国最有创造性的著名建筑师沙里宁，拜访了他主持的匡溪艺院[1]。一回国，梁思成就开始张罗吴良镛的出国求学事宜，他亲自给吴良镛写了推荐信，并且对他说，那里"艺术环境很好，可同时学习建筑与规划，很适合你，并且沙里宁已七八十岁了，跟他学要赶快，否则就来不及了"。林徽因也非常支持吴良镛出国求学，看完梁思成的推荐信后说："对良镛的介绍应该这样来写。"于是亲自动手修改。

就这样，在大家学者惜才赏识、不遗余力的培养下，吴良镛不负众望，去了美国跟着沙里宁学习西方现代建筑知识，探索中西交汇、古今结合的建筑新路。

【知识链接】

[1] 美国匡溪艺术学院（Cranbrook Academy of Art），又被译作克兰布鲁克艺术学院。1932年，由美国报业巨头乔治·布什夫妇和来自芬兰的建筑大师埃利·沙里宁共同建造。沙里宁在学院简介里写道："学院的建立就是为有才华的学生提供一个在高地位的艺术家领导下的有利环境中学习的机会。"其明确目标是"为当代设计的发展注入一种艺术形式，这种艺术形式将成为我们时代的一个真实反映"——以帮助美国的设计和工业创造一个"形式世界"，充分表达出正日渐形成的现代精

神。吴良镛在此间学校跟随沙里宁攻读硕士学位，后又在小沙里宁的工作室工作，作为小沙里宁的助手，参与了通用汽车公司技术中心的设计工作。他跟随大师工作，还养成了天天做快速设计的能力。

"楼房四合院" 荣获联合国人居奖

新中国成立，百废待兴。吴良镛收到梁思成、林徽因敦促他抓紧回国的信件后，立即动身，绕道香港，几经波折回到了清华园，开始了探索中国特色的建筑设计与城乡规划的道路。

1951—1983年，这30年间，祖国建设取得了一系列成就，吴良镛豪情万丈，用尽全力参与祖国的城市建设，但其间也不乏困惑愤懑。1983年，年满六十的吴良镛辞去了清华大学建筑系的行政职务，婉拒了深圳大学的盛情邀约，和一名助教，在只有半间屋子、一张书桌、两个坐凳的条件下创办了清华大学建筑与城市研究所。此后30年，可以说是吴良镛的"黄金时代"，他推进了若干重要科研项目，提出了广义建筑学、人居环境科学。菊儿胡同的落成与获奖就是其中最为重要的里程碑事件。

新中国成立后，旧中国民生凋敝的旧街景被一幢幢拔地而起的高楼大厦代替，但是城市文化建设也步入了种种误区，城市规划不合理导致了古城毁坏。尤其在"文革"时期，很多住宅区的规划不受重视，社会对北京四合院的价值也多以批判为主。

吴良镛是最早开始对北京市作总体规划探索的设计师。1981年，他将自己的文章刊登在《建筑学报》上，认为要从整体着眼保护北京旧城，同时又要根据实际情况区别对待地保护和发展。

在进行旧城改造保护的过程中，菊儿胡同41号院是"最破的地方"。41号院在明朝是一个官员的家庙，后来逐渐衰败。日本占领北京时，还在那里驻过军队。后来日月更替，人来人往，大殿、佛堂、厢房都被改成了住宅。

吴良镛带着自己的研究生进行实地调研后发现，这个41号院住了整整44户人家，人均住房面积大概 5 平米，由于人太多了，住户们又在庭院里不断加盖小房子、搭上小棚子，不大的公共空间里还长着两棵老树，拥挤不堪。除此之外，44 户人家共用一个水龙头和一个街道厕所，生活质量可想而知。

新的改造方案怎样才能做到既保护四合院的特色，又尽可能多地安置住户；既保护院中古树的自然风貌，又让阳光和空气流通到各家呢？除了这些难题，吴良镛认为，新的改造还要做到让住户们既不感到拥挤，又能拥有自己的厨房和厕所，获得私密性。

"一个真正的建筑大师，不仅看他是否设计出流传百世的经典建筑，也看他是否能让自己国家的老百姓居有定所。"吴良镛说，普通人的居住问题才是建筑最本质、最核心的内容。

为了克服种种限制，吴良镛带着他的两组同学，经过若干轮的探索，先后画出了上百张施工图。"衣服破了一定要扔掉吗？是不是可以想想办法？例如打个漂亮点的补丁，或者绣上图案。"他创造性地通过搞"插入法"，避免大拆大建，顺着自然和历史的肌理，让旧建筑焕发新生。最终，通过计算冬至日的日照条件，将四合院设定为南北向 3 层楼、东西两边 2 层楼的模式，保证底层窗台能够照到阳光；

"楼房四合院"——改造后的菊儿胡同

楼房的四角安置楼梯，楼梯下方采取敞开式的布局，实现良好的通风；院落里的建筑依据院中 2 棵古树展开布局，而且改建后的 41 号院做到了每家都有独立的卫生间和厨房。

这套标准四合院方案前前后后经过了七八次审查，最终得到批准。工程建成后，造价控制在每平方米 500 块钱以内，让普通百姓能够买得起。改造结束，回迁的老住户个个喜笑颜开。后来，钱学森还专程发来贺信，称它为"楼房四合院"。

1993 年，吴良镛又创造性地提出了"人居环境科学"[2]的理论，受到国际建筑家的普遍认可。同年，菊儿胡同在联合国大厦被授予"世界人居奖"，这也是近代中国建筑作品首次在国际上获取的最高荣誉。后来，这个工程案例还被写进费莱彻的《世界建筑史》（第 20 版）。对菊儿胡同的改造也被美国评论为"一种可以用来解决中国住房短缺问题的有效、具有文化敏感性的模式"。这种改进了传统四合院住宅格局，避免全部旧城拆除的做法，为其他历史城市的规划和更新提供了新途径。

1999 年，国际建筑协会通过了《北京宪章》，这是被公认为指导 21 世纪建筑发展的纲领性文献。在起草《北京宪章》时，吴良镛将地区建筑学作为一项重

曲阜孔子研究院

要纲领向世界指出:"地区建筑学并非只是地区历史的产物,它更关系到地区的未来。建筑物相对永久的存在,成为人们日常生活中的感情寄托。我们在为地方传统所鼓舞的同时,不能忘记我们的任务是创造一个和而不同的未来建筑环境。现代建筑的地区化,乡土建筑的现代化,殊途同归,推动世界和地区的进步与丰富多彩。"宪章提出:"建设一个美好的、可持续发展的人居环境,是人类共同的理想和目标。"

在明确的学术思想引领下,吴良镛和团队又开启了从建筑到区域多个尺度的理论与实践的探索。建设了"欢乐的圣地感"——曲阜孔子研究院;打造了"中国近代第一城"——南通博物院;在深约30米的窑坑里,建成了质朴大方的中央美院新校园;将南京城北的"都市盆景"装进了江宁织造博物馆……

【知识链接】

[2]"人居环境科学"理论以人居环境为研究对象,研究人类聚落及其环境的相互关系与发展规律,并提出了以城市规划、建筑与风景园林为核心,整合工程、社会、地理、生态等相关学科的科学发展模式。运用这一理论,吴良镛成功开展了从区域、城市到建筑、园林等多尺度多类型的规划设计研究与实践,先后获得国家最高科学技术奖、改革开放四十年改革先锋、世界人居奖、国际建筑师协会屈米奖(教育与评论奖)、亚洲建筑师协会金奖、陈嘉庚科学奖以及美、法、俄等国授予的多个荣誉称号。

匠人营国,久久为功。少年时得恩师启蒙,青年时受大家赏识,读万卷书,行万里路,创建一门科学,致力一生实践。桃李不言,下自成蹊。作为建筑学的一代宗师,吴良镛培养了一大批领军人物和骨干人才,奠定了中国建筑教育的世界地位,呈现出国匠品质与家国情怀。

读万卷书,行万里路,谋万家居。这是吴良镛先生的座右铭。在他99岁的生日宴上,吴良镛动情地说:"我虽已年迈,但是面对未来,仍充满期待。"并以张载的诗句与大家共勉：

为天地立心，

为生民立命，

为往圣继绝学，

为万世开太平。

【通识日课】

1."学莫便乎近其人"，指的是最好的学习方法是跟人学。传统的师父带徒弟的方法，你觉得还适用于当前的学习吗？

2.人居环境科学是一门以人类聚居为研究对象，着重探讨人与环境之间的相互关系的科学，你能不能找出一些建筑与人文完美结合的案例？

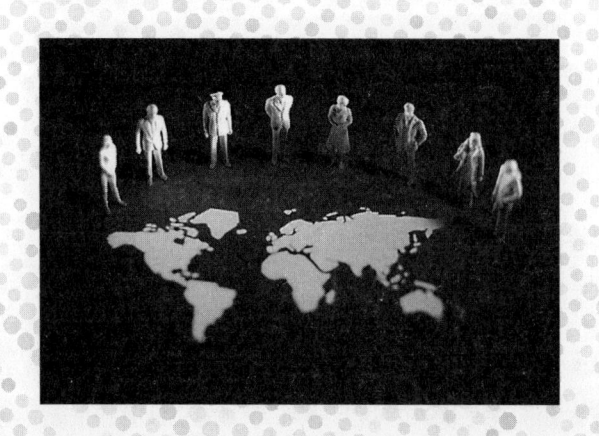

如果有人要找一位中国的高官来赢得全世界对中国的信任，那个人就是吴仪。在中国，她能够在党内和政府内部都有很高的威信，她是一位极其坦率的国家利益的维护者。

——美国前贸易代表查琳·巴舍夫斯基

中国"铁娘子"叱咤政坛，一生未婚

【导读】

"莫听穿林打叶声，何妨吟啸且徐行。竹杖芒鞋轻胜马，谁怕？一蓑烟雨任平生。料峭春风吹酒醒，微冷，山头斜照却相迎。回首向来萧瑟处，归去，也无风雨也无晴。"

这是苏轼的《定风波》，表达的是他虽屡遭挫折却仍无惧无畏，敢于搏击风雨，总是笑傲人生的从容乐观与潇洒豁达。这也是中国"铁娘子"的人生信条，她打破世俗束缚，与重重困难搏斗，书写了她独具魅力的传奇人生。她是一位胸怀凌云之志，将国家和人民放在首位的女子，为了实现理想，她甚至一生未婚。她优雅迷人，官至国务院副总理，在古稀之年潇洒"裸退"，要做一个"快乐的单身汉"。

中国"铁娘子"一战成名

政治经济领域一般被认为是男性的势力范围，女性要在这种政治斗争、经济竞争中脱颖而出，必然要有强大的气场、出色的能力、坚毅的性格和智慧的处事方式。我们通常把这样的女性称为"铁娘子"，她们对外界不卑不亢，常常拥有铁腕般的能力。这其中，最为大家所熟知的要数英国第一位女首相撒切尔夫人了。事实上，我们中国也有一位"铁娘子"，她是新中国历史上第三位女副总理，曾三度位列美国《福布斯》杂志"世界百强女性风云榜"前三。她何以获得"铁娘子"称号？还得说说1991年中美知识产权谈判的故事。

1988年，美国将全球34个贸易伙伴列为侵犯其知识产权的国家，其中，中国被列为"重点观察国家"。1989年，中国再次登上这份"黑名单"，政府派出代表团赴华盛顿，同美国进行知识产权谈判。一场长达数年的谈判就此展开。

1991年3月，第三轮谈判结束后，美国提出，到1991年11月27日为止，如果中国不同意美方提出的措施，美方将对中国进行贸易制裁。1991年4月26日，美国贸易代表卡拉希尔斯宣布，中国被列为特殊301条款重点国家[1]，一个月后开始了对中国为期6个月的知识产权调查。

1991年11月20日在华盛顿开启的中美知识产权第四轮谈判，将是决定中美之间是否进行贸易大战的谈判。然而就在这时候，中方首席谈判代表佟志广突然病倒了。这时的吴仪刚到外经贸部4个月，来不及作什么准备，就披挂上阵，担任中国知识产权代表团团长，飞赴美国华盛顿。

那时候，美国贸易代表处的谈判官员还不了解吴仪。他们紧急调集了这位新对手的所有资料。资料显示，吴仪大学毕业后长期在石油战线工作，几年前才跳出石油战线担任北京市副市长，分管北京市的工业和外贸工作，算是接触到了经贸工作，但并非这方面的专家，在知识产权领域，更是个外行。吴仪的经历和性别，似乎让美国谈判代表感到很放松。

中国代表团于11月21日抵达华盛顿，这时距美国规定的"最后期限"只有6天时间。吴仪带着她的团队抵达谈判大厅，中美贸易代表相对而坐。美国贸易代表梅西打量了一下吴仪，显然不把眼前这位新手女代表放在眼里，连初次见面互相问候的礼节都没有，就直接来了个下马威：

"我们是在与小偷谈判！"

这句冰冷甚至凶恶的开场白一甩出来，谈判厅里瞬间一片死寂。往日的梅西并不这样尖酸刻薄，他总是表现得温文尔雅。但也不难看出，这不过是一个资深谈判者为了把控住场面、掌握谈判主动权而采取的极端手段罢了。如果中方无法作出回应或者没有足够气场震慑回去，那么这个开场就注定了我们将在谈判中处于下风。然而，几乎就在梅西的话音刚一落下来的时候，一个掷地有声的回复便响了起来：

"我们是在与强盗谈判！"

双方代表都被这一声怒吼震住了。"请看你们博物馆的东西，有多少是从中国搞来的？据我所知，这些珍宝并没有谁主动送给你们，也没有长着翅膀，为什么越过重洋到你们手中？这不能不使人想到一页强盗的历史。"吴仪的反驳义正词严，让美方代表团充分意识到，中方的这位新代表，可一点也不好对付。

后来，在北京谈判中，梅西还想为上一次的失礼作出解释，可吴仪没等他开口，就直接简短又强硬地开场道："美方在上轮谈判中没有对中方极大的诚意和巨大的努力作出反应，相反，执意要对中国进行贸易报复，中国人不怕报复，如果美国实施报复，我们将实施同等的贸易报复。"这样的态度让美方清楚看到，此女子不可小觑。经过艰苦的谈判，1992年，吴仪代表中国政府正式在《中华人民共和国政府与美利坚合众国政府关于保护知识产权的谅解备忘录》上签署自己的名字，吴仪就此一战成名。

就这样，世界认识了吴仪，这个敢想敢说、不卑不亢的中国女性。吴仪从此被称为"中国铁娘子"。

【知识链接】

[1] 特殊301条款是美国综合贸易与竞争法中关于知识产权保护的一个条款。根据该条款，美国可以对被列入重点名单的国家展开半年的调查，如果双方达不成有关协议，美将对这个国家进行贸易制裁。

> 确定"重点国家"的标准包括以下3个方面：
>
> 1. 该国采取最繁琐复杂、最恶劣的法律、政策与做法，拒绝对美国的知识产权给予"充分、有效的"保护，拒绝对依赖于知识产权保护的美国商号或个人给予"公平与衡平的市场准入"；
>
> 2. 该国的上述法律、政策和做法对美国有关产品造成了最不利的现实或潜在的影响；
>
> 3. 该国尚未就上述问题与美国进行谈判，或者在双边、多边谈判中未取得重大进展。

没有背景，也没有后台

吴仪的父母早逝，是哥哥一手将其带大的。在懵懂的孩提时代，吴仪经历了国家动荡不安的时刻，也体会了颠沛流离的苦楚，这让她从小便有浓厚的家国情怀。经历了战争的伤痛，她深知"被动就要挨打"，而国家的国防力量正是决定国家能否屹立于世界民族之林的关键因素，所以她誓要为国家的国防力量添砖加瓦，贡献力量。怀揣着这样的梦想，她报考了工学院的国防专业。

不曾想，后期学校专业改革，国防专业被撤销，吴仪必须重新选择：是留下还是离开？是转校继续读国防专业还是留校转修其他专业？常常为书中苏联石油工作者一往无前的精神所感动的她，这一次，为了实现自己在小说里追寻的梦想，选择了去北京读炼油工程专业。

1962年，吴仪要毕业了，因为她突出的领导才能和优秀的学习成绩，学校一度想让她留校任教，但被她拒绝了。她有更崇高的理想，她要像苏联小说里的英雄一样，去最艰苦的地方，做更有意义的事情。后来，吴仪在回忆这段历史时曾说："当时我为了追求自己的理想，一心一意要到基层去，到最艰苦的地方去，我的理想是要争取做一名女厂长。"

为了实现自己的理想，吴仪向组织申请去大庆。但最后，组织考虑到她是个女同志，大庆环境太艰苦，便把她分配到兰州炼油厂工作。这家著名的企业是新中国石油系统内最有实力的炼油厂之一，在这里，吴仪从基层技术员开始，做过技术员，也担任过副总工程师，提着油漆桶刷过标语，也开着推土机拓过荒。

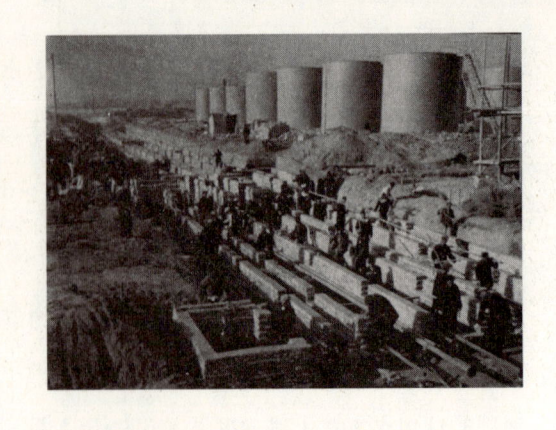

1983年，也就是吴仪45岁那年，她成了北京燕山石油化工公司副经理、党委书记，也是当时中国国企高层里唯一的女性企业家。扎根企业26年，她一步一个脚印，为祖国的石油事业贡献了自己的宝贵青春，也实现了年轻时做企业家的理想。

1988年，吴仪被提名为北京市副市长候选人，在发表竞选演说时，她这样讲道："如果我当选，我将按照鲁迅先生所说的，俯首甘为孺子牛，如果选不上，我将回到哺育我成长20年的燕化那片土地，由60年代的拓荒牛，成为80年代开拓奋进的牛，为北京市的建设，作出燕化人应有的贡献。"吴仪卓越的能力让她在差额选举中脱颖而出，顺利当选了副市长，分管工业和外贸。

从厂长到市长，角色转换，总要经历一个适应的过程。为了尽快适应，她事必躬亲。在担任副市长的头一年，吴仪就把办公室当成了家，吃住都在那里。但是当时，北京市民对她并不是很了解，甚至还有坊间传言，她的晋升是因为当时某中央高级首长在追求她。这些传言让吴仪很苦恼，她在公众场合多次表达了这种不满。"为什么一个女干部走上舞台，就非得追究她有什么背景，有什么后台。""我没有背景，没有后台，我是从技术员开始，一步步干起来的。"于是她更加努力工作，可谓一心扑在工作上，最后，也取得了更大的成功。

临危受命，抗击非典

2003年，新一届政府组成，吴仪被任命为国务院副总理。原本应该好好庆贺一下的，但就在这时，非典开始在中国南方爆发。这种可以通过空气传播的疾病迅速在全国蔓延。十几天后，世卫组织将中国列入非典疫区。吴仪临危受命，兼任国务院防治非典型肺炎指挥部总指挥及卫生部部长。那时的吴仪已年过花甲，面对的又是先前完全没有接触过的领域，但她仍然作出了迅速反应和果断决策。

吴仪在中南海会见世界卫生组织驻华代表和非典型肺炎专家组成员时，谈及国内非典疫情，没有使用卫生部原部长张文康在几天前国务院新闻发布会上对外界所说的"有效控制"一词，而是用了"有效遏制"。因为她认为，当下依旧是只能遏制疫情扩展速度，距离控制还道阻且长。一字之差，体现出了吴仪严谨务实的态度。

同时，吴仪以尊重科学的态度，向当时敢于发言的钟南山院士谦虚问计。当时，钟南山向吴仪提出，应该整合北京的医疗力量，不能再各自为战。吴仪接受了钟南山的建议，开始破除北京各家医疗机构之间的芥蒂，在危急时刻，大刀阔斧地整合北京乃至全国的医疗资源，迅速组建了小汤山传染病医院。与此同时，国务院加紧修订了《传染病防治法》，非典被正式列为传染病。

吴仪出手必然不会令国民失望，3个月后，世卫组织解除了对北京的旅行限制，将北京移出了"近期有本地传播城市"的列表。中国成功战胜了非典。

"救火队员"再战艾滋

成功遏制非典之后，吴仪再次充当"救火队员"，这次的任务是抗击艾滋。2004年2月，国务院防治艾滋病工作委员会成立，吴仪担任主任。

艾滋病虽然不像非典那样传播迅猛，但此前，由于血站管理不善，艾滋病已经在河南等地有暴发趋势，如不及时控制，后果不堪设想。

在主抓艾滋病防治之初，吴仪就有针对性地提出，要加强采供血机构管理，依法严厉打击非法采供血行为和"血头""血霸"。早在国务院防治艾滋病工作委员会成立前，吴仪已经开始到各地走访，了解艾滋病防治现状。

2003年12月，在河南郑州的黄河迎宾馆，吴仪见到了一直在民间从事艾滋病防治的大夫高耀洁。这名妇产科大夫，被当地政府视为麻烦制造者，因为她勇敢揭露了河南艾滋病的真相——违规血站导致了输血传染。

爱走访基层、听真实声音的吴仪，拒绝让当地政府的人陪同会面。她对高耀洁说："有教授认为静脉注射是我国艾滋病传播的重要渠道。"高耀洁激动地说道："那是他们在骗你！"

吴仪与高耀洁深谈了3个小时。两天后，她来到了最早暴发艾滋病的驻马店市上蔡县文楼村，与艾滋病患者握手。她也是第一个到艾滋病疫区的副总理。

2006年3月，国务院出台《艾滋病防治条例》，这部更尊重艾滋病患者的法律，使得中国艾滋病防治工作有了更可靠的法律依据。

做一个"快乐的单身汉"

2008年，吴仪69岁，宣布"裸退"。"裸退"是指不再担任官方、半官方或群众组织中的任何职务。她希望大家完全忘了她。

"铁娘子"说到做到，退休后，便没有担任过任何职务。她开始过属于自己的生活，研读中医、学做饭菜、练习钢琴……你也许会在大剧院的音乐厅看到她，也许会在某个寺庙里遇到她，当然，也可能在某个旅游胜地碰到她。因为她退休后，经常会约上三五好友，去音乐厅听音乐，去大寺庙礼佛听经，去祖国的名山大川观赏美景，她甚至还在朋友的私宅里，弄了一片菜园子学起了种菜。

你可能也注意到了，十九大举行的那天，主席台第二排的角落里，那个满头白发的女士，身着一件深红色洋装，低调地坐着、听着。那就是她。距她离开公众视野快 10 年了,她还是那么优雅、迷人。

有人问,为发展事业牺牲了个人幸福,值得吗?"感情如此丰富细腻的人,为什么始终独身?"她的回答很简单:"生活没有赋予我这个机会,既然已经这样安排了,就不必勉强,一切顺其自然吧。"年轻时,她喜欢充满革命浪漫主义和英雄主义的苏联文学,心中留下的就是像巴特曼诺夫[2]那样的白马王子。"也许是我把生活过于理想化了,其实白马王子在现实中并不存在。"在外面,她这样说。

理想化的爱情观加上繁忙的工作,让吴仪错失了寻找爱情的机会,但她却常说自己是一个"快乐的单身汉"。

一如她最喜欢的《定风波》:"竹杖芒鞋轻胜马,谁怕?一蓑烟雨任平生。"就是这样的从容淡定、超凡脱俗,让吴仪在位时敢于发声,在政坛叱咤风云半生,退休后又做回自己,开始续写个人生活的传奇故事。

【知识链接】

[2] 巴特曼诺夫是《远离莫斯科的地方》中的主人公。该书是一部描写苏联伟大卫国战争期间的工业建设的小说。1941 年秋天和冬天,为了军事上的迫切需要,巴特曼诺夫以及他所领导的工程管理局以不屈不挠的精神,克服了重重苦难,在远离莫斯科的地方,只用一年时间修筑了一条原定三年才能完成的输油管。巴特曼诺夫果敢而坚强,拥有惊人的毅力和明辨是非的能力,擅长处理艰巨而复杂的事件。

无论是政坛上的高光时刻,还是退休后的恬静时光,吴仪永远保持着对生活

的热爱、对知识的渴求、对未来的希冀,她是中国的"铁娘子",也是自己的"奇女子"。

【通识日课】

1. 根据吴仪抗击非典等事迹,思考一下:面对陌生的工作领域,除了专业知识以外,还需要具备哪些能力和素质?

2. 吴仪的专业选择和感情生活都受到苏联文学作品的影响,仔细想想:指引你作出重大抉择的是什么书?你在书中找到自己的理想了吗?

做学问，就是要会学，会问。

——WTO 大法官张月娇

精通多国语言的"国际公务员"

【导读】

张月娇曾经创下过许多传奇式的"第一":第一个在亚洲开发银行担任助理法律总顾问、行政诉讼委员会主席、大湄公区域局副局长、欧洲局局长,是首位西非开发银行的中国董事,首位中国籍国际统一私法协会理事,首位中国籍国际发展法组织理事,中国首位WTO上诉机构大法官……

在国际舞台上,要为国际法治作贡献,首先要过语言关。"总不能都开庭了,你还要查字典吧。"张月娇通晓中文、英语、法语,还利用工作之余,自学了德语和日语。

那么,张月娇学外语有什么诀窍呢?

学外语要刷题吗?

1964年,中法刚建交,20岁的张月娇成为高教部选拔的首批留学生。火车从北京出发,开了五天五夜,穿过蒙古的荒漠,经过西伯利亚的森林和冰川,最后抵达了莫斯科。

在莫斯科转机停留的两天,她参观了莫斯科大学的大礼堂。1957年,毛泽东主席就在那里向留苏的学生提出希冀:"世界是你们的,也是我们的,但是归根结底是你们的。你们年轻人朝气蓬勃,正在兴旺时期,好像早晨八九点钟的太阳。希望寄托在你们身上。"

年轻的张月娇,壮志满怀:"一定不能辜负祖国的期望。"然而从莫斯科飞往巴黎的这一路,广播里全是听不懂的俄语和法语。听不懂语言,又怎能报效祖国?

当年祖国费了很大力气，这些留学生才能心无旁骛地在国外学习。据张月娇回忆，当时她们留学生在法国学习一天的开支，等于国内农民一人一年的工分。摆在眼前最现实的问题是，语言关不过，就不能读大学。

为了能够早日进入大学，学成归国，她白天在语言实验室上课，一边听讲，一边看图，一边跟着语音老师学讲话；晚上就拿着手电筒，缩在被窝里念单词。就拿法语中小舌音"R"来说吧，刚开始她怎么都发不好。最后想到一个好方法，先在嘴里含口水，然后练习着用喉咙把水顶出来。

但是学语言既要下笨功夫，也要学会动脑筋。靠着这种勤学苦练和不断总结反思，三个月后，她就能上街买东西，参加活动时也可以和法国人交流了。后来，张月娇在西非开发银行做董事时，她流利的法文发言震惊了各国董事。他们不仅取消了大会为她安排的同声传译，而且西非开发银行行长点名让她以后每次开会都作主旨发言。

回国后，她在国家进出口管理委员会工作。既是恩师又是领导的汪道涵主任，虽然日理万机，但依然每天坚持读英文原著的刻苦，给了她很大的激励。有一次，汪老送了她一本法文版《莎士比亚》，还当场用英文背诵了莎士比亚的一段台词，并语重心长地对她说，"法文很严谨，在国际谈判文件中多被采用，但英文是普遍使用的工作语言。你要再学一些英文。"

深受感动的张月娇，下决心要学好英语。当时，她的儿子只有2岁，很好动。她就把儿子拴在床头，坚持看书读书，终于靠着自学，通过了电视大学英文本科的考试，拿到了毕业文凭。

1982年，张月娇在世界银行工作，工作繁忙，但得知世界银行员工有一项重要的福利，她很激动。那时世界银行规定，如果员工在业余时间能够在常春藤大学研究生院上课，并且期末考试取得"B+"的好成绩，那么世界银行人事处就给报销80%的学费。她决定申请乔治敦大学的法学硕士，但乔治敦大学规定，外国学生必须通过托福考试才能通过申请。

距离托福考试的时间很近了，又不能影响世行的工作，于是她每天下班后，争分夺秒地刷题、背字典，经常是每天只睡两三个小时。终于，通过托福考试，成功入学。

硕士阶段，她不仅完成了学位要求的课程，还选修了国际金融法、贸易经济法、国际投资法等课程。她尽情地徜徉在知识的海洋，用尽全部精力和时间去汲取，不愿意放过任何一场知名教授的讲座。最终她以优异的成绩成为"文革"后，该校获得法学硕士的第一位中国人。扎实的语言基础，深入的专业研究，为她之后在国际舞台上发出中国声音奠定了深厚的基础。

改革开放后，中国对外贸易虽然频繁了，但在1983年之前，中国没有一部统一的对外贸易法律，这就导致对外贸易和进出口管理无法可依。更严重的是，这将非常不利于恢复中国关贸总协定缔约国的地位。

历时12年，经过二十余次易稿，张月娇参与起草的《中华人民共和国对外贸易法》，在1994年审议通过，于1995年对外公布。这部法律是中国对外贸易的基本大法，它是从中国国情出发，参照国际公约和国际管理，特别是参照关贸总协定及乌拉圭回合谈判达成的重要协定制定的。

然而外贸法一经公布，WTO成员就向我们提出了300多个问题，怀疑中国外贸法与WTO规则不一致。为了回应这些质疑，中国在WTO总部最大的会议厅，举办了中国外贸法答疑大会。张月娇在会上用准确流利的英文逐条逐句回应了质疑，解答了他们提出的全部问题。当时，整个会场鸦雀无声，张月娇越说越大声，越说越自信。"Any questions？"她用专业征服了在场的每个人。答疑结束后，大家纷纷鼓掌，从此，WTO会议上，再没人质疑中国外贸法与WTO规则不一致的问题了。

名副其实的"面霸"

张月娇的人生路上写下了许多个传奇的"第一"，可谓久经国际职场，是名副其实的"国际公务员"，面试经验非常丰富。

她被大家熟识，还要从她2008年当选WTO上诉机构[1]主席、法官说起。上诉机构被视为WTO皇冠上的明珠，只由7位来自世界的权威大法官构成。可想而知，这个职位的竞争有多激烈。

张月娇一直研究WTO，与她共事的朋友都知道。所以当WTO有一个职位空缺时，她的朋友就立刻建议她去参加竞选。她也觉得这个机会特别好，但竞选这个职位必须由政府推荐，不能毛遂自荐。所以当商务部通知她去竞选时，她便欣然前往。

为了竞选成功，她先从WTO旁边的书店买来最新的专家组和上诉机构报告，每天早上5点起床，反复阅读WTO所有的案例条款、上诉机构的要求，上网跟踪上诉机构正在处理的案件及其进展，认真阅读并做了详细的笔记。这样的"苦修"，她连续坚持了数十月。

2006年8月，她信心满满地去应聘，自信从容地回答了面试官提出的所有问题。面试进入尾声时，甄选组一位专家笑着问她："你还有什么不知道的？"她对面试官说，对于新的贸易形式比如电子商务、服务贸易、生物新品种的专利出现等，自己不知道，还需要深入学习的地方有很多。这也是张月娇常常告诫年轻人的，"做学问，就是要会学，会问"，要紧跟时代发展，不断学习，善于提问。

虽然大家都觉得她是面试表现最好的一位，但她还是竞选失败了。不过她没有放弃，没有灰心，时刻在等待机会。这期间，她在中国、西非、美国、法国继续讲授WTO争议解决的法律与实务。

2007年，她再次竞选大法官。这一次竞争更加激烈，美国、日本、韩国、澳大利亚、非洲的贝宁，以及中国都推荐了候选人。这些面试者不仅要参加集体面试，还要接受WTO成员国大使的单独面试。这一次，张月娇面试成功了。

可第二天，商务部打电话说，她的提名受阻，遭到反对。"我嘴上说没事，但是血压一下子就升高了。"张月娇回忆，当时，"我赶快吃了降压药，努力缓解下情绪，继续关注事态发展。"据说，是台澎金马独立关税区的代表以"某些人员在处理涉台事务时恐失公正"为由，使提名议程受阻。最后WTO总干事拉米、总理事会主席诺尔以及美国、欧盟、日本驻WTO高管先后表态，经过多方磋商，终于化解了危机，她成功当选了WTO上诉机构法官。

这件事也被她写进了传记。她说，遇到政治干扰，不能火上浇油。"我相信法律与正义。我在竞选前，已经审理过100多个国际商务仲裁案件，办案公平公正，以事实为基础，以法律为准绳，只要不偏不倚，公正无私，没有人怀疑我的公正与守法。"

> **【知识链接】**
>
> [1] 世界贸易组织（World Trade Organization），简称世贸组织（WTO），是一个独立于联合国的永久性国际组织，总部位于瑞士日内瓦。职能是调解纷争，是众多贸易协定的管理者、各成员贸易立法的监督者，以及为贸易提供解决争端和进行谈判的场所。
>
> WTO上诉机构，由7名在法律、国际贸易和WTO各适用协定所涉专题方面具有公认权威的专门知识人员经过严格挑选组成。每位法官每届任期4年，可以连任一届，最长8年。上诉机构受理WTO成员国的上诉，每个上诉案件由3位大法官审理，通过抽签确定的排案号和每位法官抽签的个人号码来确定，以保证公正。
>
> 上诉机构法官在没有利害关系的情况下，可以受理其本国的案件，但从每个上诉案件上诉申请开始，全体法官要在日内瓦面对面披露有关利益冲突的可能性并填写书面利益冲突披露表格。一旦有利益冲突，该法官不得参加审案组，不准参加全体法官对该案的交换意见。

"早起的鸟儿"退而不休

WTO上诉机构工作繁忙，非常考验脑力、体力。这对年轻人都不容易，何况70多岁的人呢？最繁忙的时候，张月姣每天只能睡3—4个小时。但张月姣不怕苦，"人生如登山，需要毅力和坚持"。她说早在北师大附中读书时，为了提高学习效率，就已经养成了每天早上四五点起床的习惯。她的目标就是健康高效地为祖国工作60年。

2017年1月5日凌晨5点，张月娇收到了来自解决投资争端国际中心(ICSID)[2]秘书长的电子邮件，问她能不能加入撤销仲裁裁决特委会。她未加思索，立即同意，成为中国第一位参与处理ICSID国际投资争议案件的仲裁员。

已经73岁高龄的张月娇，为什么对费心伤神的国际仲裁案件上心呢？

原来，中国加入ICSID已经25年了，这期间，欧洲有72人办理过ICSID投资争议仲裁案件，但是却没有中国人直接参与处理过任何ICSID仲裁案件。"外国人能做到，中国人也一定能办到。"

投入工作后，张月娇接受的第一个仲裁案件就是ICSID历时最长的世纪大案。这个案子不仅时间跨度长、难度大，而且要用到英法两种语言。因为申诉方的材料用的是法文，被诉方用的是英文。虽然她早年曾经赴法国留学，但是几十年来，在国际机构的工作语言基本都是英文，所以语言依然是个挑战。不过，骨子里不服输的精神、为中国人争光的信念，让这位年过七旬的老人，退而不休，再踏征程。

"反对一切制裁措施，因为制裁会让企业和老百姓蒙受损失。"她四处参加国际会议作主旨发言，发出中国声音，为了促进国际和平发展造福世界人民，不知疲倦。

她还常年在大学讲课，为培养解决国家争端的人才、提升我国的实力和话语权，鞠躬尽瘁。在清华大学国际争端研究院的揭牌现场，她说，未来研究院要注重本土化、现代化和国际化发展。本土化就是要密切关注国家的问题和需求，急国家之所

需，解决国家之所需；现代化就是要瞄准最前沿领域，利用现代化手段进行研究，填补相关法律空白；国际化就是要深度参与国际规则制度建设、国际机构改革，维护以规则为基础的多边贸易体制。

【知识链接】

[2] 解决投资争端国际中心（International Centre for Settlement of Investment Disputes，简称ICSID），是根据1966年10月正式生效的《关于解决国家和其他国家国民投资争端公约》（1965年华盛顿公约，以下简称公约）成立的国际组织，是世界上第一个专门解决国际投资争议的仲裁机构，专为解决政府与外国私人投资者之间的争端提供便利。办公地点设在美国首都华盛顿特区的世界银行内。它要求争议的双方须为公约的成员国，争议主体为国家或国家机构或代理机构。其解决的争议必须为直接由投资引起的法律争议。中国在1990年2月9日签署了《华盛顿公约》，并于1993年1月7日正式核准。

中心有其自己的仲裁规则，并且仲裁时必须使用其规则。审理案件的仲裁员，调解时的调解员须从其仲裁员名册和调解员名册中选定。裁决为终局的，争议方必须接受。

【通识日课】

1. 子曰："学而不思则罔，思而不学则殆。"你如何理解这句话？你认为在大学期间，该如何提高自己的提问能力？

2. 张月娇学习语言的经历能够为你的语言学习提供哪些经验呢？

3. 通过网络搜集外语达人的"背单词"攻略，找到适合自己的独家秘籍。

4. 张月娇的面试经历给了你什么启发？

我在不同的岗位，首要任务都是推动人人享有健康。

——陈冯富珍

从"杀鸡署长"到"世卫女掌门"

【导读】

她是香港首位卫生署女署长,也是首位进入世界卫生组织的香港公务员;

她是首位获中国政府推荐竞逐联合国组织最高领导人的竞选人,也是首位出任联合国组织最高领导人的中国人;

她是获中央表彰的100名改革开放杰出贡献对象中唯一的香港女性,还担任国务院深化医药卫生体制改革领导小组首席顾问。

她是谁?

她就是前世界卫生组织总干事陈冯富珍,她说:"我在不同的岗位,首要任务都是推动人人享有健康。"

因为爱情走上从医路

走上从医路,对陈冯富珍来说更像是一个"美丽的意外"。1969年,她从香港罗富国教育学院毕业后在当地一所中学教书,从事着自己儿时的理想工作——老师。而此时她的男友陈志雄决定离开香港去加拿大读书,这让热恋中的她忧心忡忡,甚是担心日后因为距离的遥远影响两人的感情,而母亲的一句"追随自己的内心"让她决定和男朋友一起远赴加拿大读书,并且选择在入学之前举行了婚礼。

在加拿大西安大略大学读书时,陈

冯富珍的丈夫最开始选择的是理科，她自己选择的是文科。后来她的丈夫决定当一名医生去读医科，陈冯富珍又担心丈夫学业太忙没有时间陪她，于是又弃文从医，考进加拿大西安大略大学[1]医学院，和丈夫同进同出。对于从小理科不好的陈冯富珍来说，第一年的学习让她倍感艰难，好在每天晚上回来后有丈夫给她当家庭教师进行辅导，让这难熬的时光也变得不那么漫长了。就这样，两人在校园里携手同行，刻苦攻读。1977年，陈冯富珍以全班第一名的优秀成绩毕业并获得医学博士学位。就在她完成学业并在加拿大找到一份实习工作时，她却因婆婆生病不得不和丈夫一起回香港照顾婆婆。

回到香港后，1978年，陈冯富珍开始进入香港卫生署工作，从医生、高级医生、首席医生，到助理署长、副署长，因为工作出色，她一路晋升。1994年，陈冯富珍开始担任香港卫生署署长，成为香港卫生署首位女署长。

【知识链接】

[1] 西安大略大学（The University of Western Ontario），现名韦仕敦大学（Western University），是位于加拿大安大略省伦敦市的一所世界著名学府，有超过130多年的学术积累及深厚的人力资源背景，被誉为"加拿大最美丽的大学"，同时也是全加拿大七所最强的以科研为主的博士医学类大学之一（全加拿大唯一一所以商科为核心研究力的博士医学类大学），其综合科研水平居加拿大博士医学类大学的前列。

沉着果敢的"杀鸡署长"

在担任香港卫生署署长的9年里，陈冯富珍启动了新的服务以预防疾病传播和促进健康，采取新的行动以改善传染病监测和应对，加强公共卫生专业人员的培训，以及确立更好的地方和国际合作。同时，她在处置公共卫生危机事件中表现出的敬业和专业，更是给公众留下了深刻的印象。

1997年，香港出现全球首宗人类感染H5N1甲型禽流感个案，时任香港卫生署署长的陈冯富珍面对镜头，安抚民众："我天天都吃鸡的，大家不必害怕。我们会密切留意香港活鸡的情况。"禽流感在香港暴发后，陈冯富珍顶着社会压力，果断决定将全港的所有活鸡捕杀，成功控制住了疫情。

"当时我们只有两个选择，一是杀鸡，防止病毒扩散，二是不采取任何行动。"陈冯富珍接受采访时表示，她最大的责任是保障香港市民的健康，并防止病毒传播到世界其他地方。这种"杀鸡法"已列入联合国粮农组织和世界动物卫生组织的"推荐处方"——任何地方出现鸡感染禽流感，最有效的方式就是把鸡全部杀光。

2003年，一场突如其来的"非典"疫情让陈冯富珍走进了公众的视线。这位温文尔雅的女士用丰富而坚实的医学经验、足够的信心和耐心，果断而勇敢地承担起抵御非典的责任。作为香港卫生署署长的她几乎每天都要召开新闻发布会介绍情况，及时公布最新的信息，面对记者们提出的各类刁钻的问题，虽然压力巨大，但她始终坦诚对待。正如她自己所说："我是一个实话实说的人，我告诉市民我知道什么，我不清楚的也实言相告，绝不隐瞒。"正是这种坦诚让香港特区政府赢得了主动。

陈冯富珍在处理公共危机事件中表现出的干练、沉着、果敢、透明的工作作风，为她赢得了良好的国际声誉。

世卫组织的掌舵人

2003年"非典"过后，陈冯富珍辞去香港卫生署署长一职，于当年8月接受了世界卫生组织[2]的邀请，担任人类环境保护局局长，成为首位出任世卫组织高层职位的香港人。2005年6月，陈冯富珍出任传染病监控及反映局局长，主要负责传染病防控事务，同时兼任世界卫生组织总干事人类大流感特别代表。

2006年11月，陈冯富珍与日本、墨西哥、西班牙等11个国家的候选人同台竞选世界卫生组织总干事一职。世界卫生大会特别会议以秘密投票方式，通过了陈冯富珍为世界卫生组织第七任总干事的任命。曾经担任香港医院管理局主席的胡定旭回忆当天的情形时说："那时竞争激烈，陈冯富珍一直领先，但领先不多，不到最后一分钟都不知道是谁当选，到剩3个人，最后剩2个人……我们当时看着，她拿到这票就够了。啊！都很开心。"

当选后的陈冯富珍在出席世卫组织为她安排的新闻发布会时表示，当选并不是她的最终目的，她要以自己的知识、才华和能力为世界卫生事业服务，以"客观、公正、务实、透明"的方式来执掌世卫组织。她认为世卫组织应以稳健和富有成效的方式帮助贫穷落后的国家和地区实现"人人享有卫生保健"的世卫组织宗旨。

2007年1月4日，陈冯富珍正式就任世卫组织总干事一职，成为首位出任联合国组织最高领导人的中国人。2012年5月23日，在日内瓦举行的第65届世界卫生大会上，陈冯富珍再次当选为世界卫生组织总干事，任期为2012年7月至2017年6月。她代表中国走上国际舞台，留下了中国职业女性时尚、干练的身影。

在陈冯富珍任职的十年中，她用自己的行动证明了当初许下的诺言。她率领世界卫生组织应对了2009年的甲型H1N1流感、2012年的中东呼吸综合征、2013年到2016年的埃博拉病毒[3]，以及2015年到2016年的寨卡病毒[4]的流行；她也为解决全球尤其是发展中国家急剧增加的糖尿病问题进行呼吁；她还不断努力推动烟草控制……最重要的是她意识到帮助贫穷国家的重要性，要在疫情发生之前为那些贫穷国家多做一点事。在她的大力推动下，世卫组织已与全球生产流感疫苗的大药厂签署合同，一旦有新型流感大爆发，药厂必须预留10%的疫苗给世卫组织，让世卫组织以成本价购买，以应对贫穷国家疫苗短缺的问题。

　　任职期间，陈冯富珍还积极推动世界卫生组织与我国开展广泛深入的合作，支持我国两支应急医疗队成为最早一批通过世卫组织认证的国际应急医疗队，推动中医药传统医学逐渐纳入各国医疗卫生体系，促成签署《中华人民共和国政府和世界卫生组织关于"一带一路"卫生领域合作的谅解备忘录》，赢得了国际社会的广泛赞誉。

【知识链接】

[2] 世界卫生组织（World Health Organization），1946年7月成立筹备会并通过世界卫生组织法，1948年4月7日，该法得到联合国26个会员国批准并生效。1948年6月24日，世界卫生组织在总部瑞士日内瓦召开的第一届世界卫生大会上正式成立，现有192个正式成员和两个准成员，主要机构包括世界卫生大会、执行委员会秘书处等，总干事是秘书处行政和业务首席官员，经秘密投票选举产生。其宗旨是使全世界人民获得尽可能高水平的健康。该组织给健康下的定义为"身体、精神和社会生活的完美状态"。

[3] 埃博拉病毒（Ebola Virus），一种十分罕见的病毒，被认为是地球上最厉害的病毒，于1976年在苏丹南部和刚果（金）（旧称扎伊尔）的埃博拉河地区被发现，是一种能引起人类和其他灵长类动物产生埃博拉出血热的烈性传染病病毒。其引起的埃博拉出血热（EBHF）是当今世界上最致命的病毒性出血热，感染者症状与同为纤维病毒科的马尔堡病毒症状极为相似，包括恶心、呕吐、腹泻、肤色改变、全身酸痛、体内出血、体外出血、发烧等。死亡率在50%至90%不等，致死原因主要为中风、心肌梗塞、低血容量休克或多发性器官衰竭。生物安全等级为4级，病毒潜伏期可达2天至21天，但通常只有5天至10天。

[4] 寨卡病毒（Outbreak Virus）通过蚊虫叮咬传播，感染后症状与登革热相似，

包括发烧、疹子、关节疼痛、肌肉疼痛、头痛和结膜炎（红眼）。寨卡病毒感染者中，只有约 20% 会表现轻微症状，如发烧、皮疹、关节疼痛和结膜炎等，症状通常不到一周即可消失。然而，如果孕妇感染，胎儿可能会受到影响，导致新生儿小头症甚至死亡。

2017 年，陈冯富珍卸任世界卫生组织总干事一职回到香港，她的生活依旧忙碌着，"退而不休"是她对自己的要求。对自己从事的公共卫生职业，她说："我真的喜欢这份工作，但同时也意识到自己身上的责任很重。我有一些经验，能有这个机会为世界人民服务，为让世界变得更加健康而贡献出自己的一份绵薄心力，我感到非常荣幸和骄傲。"

【通识日课】

1. 你如何看待"爱情"和"学业"之间的关系？
2. 请结合当前新冠肺炎疫情，谈谈对"推动人人享有健康"的理解。

未来的路还很长，我不知道我要走到哪里去，也不知道能走多远。但是我想，心有多远，脚下的路就有多远。或许巴黎，或许墨尔本，或许马德里。无论下一站在哪儿，我知道，它有一个不变的名字，叫"人生"。

——网球大满贯得主李娜

爱逛街爱美甲的"长颈鹿"运动员

> 【导读】
>
> 2019年，她正式入选国际网球名人堂，成为亚洲网坛第一个享受此荣誉的球员。
>
> 她性格火爆，率真张扬。球场发挥失利，她对着观众席咆哮，直接让丈夫"滚开"；抱起冠军奖杯时，她又肆意大笑，当众对丈夫示爱："永远爱你。"
>
> 2011年她法网封后，捧得苏姗·朗格伦杯，改写了中国乃至亚洲女子网球历史。可当这位亚洲第一位女子大满贯得主面对柴静的专访时，却几度眼眶泛红，她说："我是个极其不自信的人。"每年大部分时间奔波在世界各地的球场，当失败落魄时，她最想回到武汉。
>
> 她就是亚洲第一位大满贯女子单打冠军得主，亚洲女单世界排名最高，迄今无人超越的网球运动员——李娜。

长颈鹿女孩："以后我就要负责养家了！"

武汉的清晨，雾气朦胧，巷子里还没有人"过早"，一个中年男子和一个4岁小姑娘在一前一后地跑步，他们从春天跑过冬天。李娜说，在记忆深处，这是最温暖的镜头。

李娜出生在武汉，一个普通但温馨的双职工家庭。她和爸爸妈妈的感情非常好。爸爸对她的爱更是她事业的力量源泉。别人夸李娜的手指修长漂亮，是弹钢琴的料，爸爸就紧衣缩食，千方百计地给李娜弄来一台昂贵的钢琴。

"姑娘伢怕胖不好看。"爸爸宠溺地对她说。所以从4岁起，爸爸就陪着小李娜晨跑，这一陪就是4年。8岁时，李娜被教练选去业余体校寄宿。

体校的生活很单调。早上6点就要出早操，7点半出发去上课，下课回到体校就是训练。只有晚上做作业的时间相对自由。那时，李娜是体校里最小的孩子，非常想家。"我最盼望的就是妈妈每天晚上坐公交车来给我辅导功课。"可懂事的李娜为了让妈妈放心，一到10点，她就嚷嚷着困了，催妈妈赶快回家。

"是训练太苦太累吗？为什么一躺下就能睡着？"妈妈心里总是犯嘀咕，有一次，妈妈假装离开，偷偷地在窗口站了几分钟，就看到李娜面对着墙壁，肩膀一直在抖。女儿越懂事，妈妈越难过。但妈妈还是抹了抹眼泪，咬咬牙离开了。

训练很苦，常常会受伤。"我是长颈鹿女孩。"李娜说自己反射弧特别长，对痛感很迟钝。握球拍的手，磨得都是血泡，她也不以为然。和大孩子打对抗赛，经常重心不稳，摔倒后膝盖鲜血直流。有一次，有个膝盖已经结了2厘米的厚痂，结果，一个摔倒，瞬间把旧伤口撕开了，只见伤口里都是脓血和没有剔干净的沙粒。"我没有哭，"她说，"体校的孩子不兴哭。"这好像是搞体育的人对待伤痛的蔑视。

然而，14岁那年，她被叔叔从省队带回家，一路走来，她看到楼道外摆放的花圈，楼梯间里拥着亲友邻居。爸爸就躺在客厅里，妈妈守在爸爸的尸体旁，像是没了魂。从那一刻起，她的世界变成了灰色，刚开始"想哭却哭不出来"，过了好久，等缓过了神，眼泪就再也止不住。

雪上加霜的是，为了救爸爸，家里债台高筑，亲人也变得凉薄了，曾经温馨的小家好像一夜之间就散了。操办完爸爸的葬礼后，她回体校打球，妈妈去姥姥家住，房子租出去用来还债。

思想家卢梭曾经说过："磨难对于弱者是走向死亡的坟墓，而对于强者则是生发壮志的泥土。"对李娜来说，父亲的去世意味着她一夜之间长成大人。

她变得越来越倔强、忧郁、坚硬。"多打比赛，多拿奖金"，这样就能够保护妈妈，就能够还清爸爸生病时欠下来的债。16岁那年面对央视的镜头，她说出了心底的渴望："我最大的梦想，就是希望能达到职业的前十，我知道这个目标特别难，但我自己会努力。"

心有猛虎:"你为什么不为自己打呢?"

"每个人的心里都有一头锁在笼子里的野兽,它好斗、易怒、偏激、伤痕累累、残暴无比。"

独自上场。

网球是孤独的比赛活动,比赛过程中运动员不能和团队成员交流。网球又是考验人的判断力的体育项目,一场比赛,运动员需要作1000多次抉择和判断,这比任何一场竞技比赛都多。但这样拼体力和脑力的运动貌似很适合李娜。她喜欢逻辑,从小数学成绩优异,还上过奥数班,她理性、坚韧。

她无数次意识到,身体里住着一头猛兽。有时候,它对成功充满渴望,有着旺盛的饥饿感,这让她品尝到了胜利的滋味。2001年,在第21届大运会上,她拿下了单打、女双、混双三项冠军。在广东全运会上,又拿下了女子单打和双打金牌。2002年,在美国的75K挑战赛上,她连赢八场。

有时候,那头怪兽失去斗志,颓废丧气,内化成愤怒和自卑的力量,吞噬她的精神和身体。长期的压力和抑郁让她整宿整宿地睡不着。"身体最要紧,咱们回家。"妈妈在电话那头哭道。

只有亲人才会关心你飞得累不累,一直要打球养家的李娜卸下了心理负担,当即写了《退役申请》,迅速收拾行李、关掉手机,断绝和外界的联系,回到华中科技大学攻读新闻专业。没有网球的日子很轻松,她的精神状态也变好了。

但她在网球上的天赋并没有因为退役而被人遗忘。当时,刚刚上任国家体育总局网球运动管理中心主任的孙晋芳，曾是中国女排队长，中国女排五连冠的老将。或许运动员更懂得运动员的心境，孙晋芳主任赶到武汉"微服私访"。她问李娜："打球是实现自己的手段，你为什么不为自己打呢？"

这次目的性不那么强的谈话，却让李娜觉得"士为知己者死"。2004年，退役两年的李娜选择复出。然而复出并没有想象中顺利。2005年，李娜迎来了人生中第一次进入四大公开赛正赛的机会。

站在罗德·拉维尔中央球场，球场就像是古代的角斗场，观众大声的呼喊在耳边汇聚成了龙卷风。不过观众呼喊的是战无不胜的网球女王，而"我是那个没有拿起长矛就匆匆上阵的角斗士"。因为过度紧张，她很快就输掉了比赛。她说，沿着过道走回休息室时，"双手还在瑟瑟发抖"。李娜的好友回忆道："（她）入场的时候，由于太过紧张，走路的姿势都扭曲了。"

至暗时刻，还远不止于此。2006年，在多哈打比赛时，她被人压制得死死的，没有一丁点逆转的机会。"笨！""你是猪啊！"回到休息室，她恨不得一头撞在门上。

年少的时候，输了球她偷偷地跑去纹身；年长一些，输了球她把自己关起来，痛骂自己。当厌恶自己的情绪达到了极点，她就跑去蹦极，用更刺激的方式挑战自己。当她站在40米高台的奥克兰海港大桥蹦极台，恐惧蹭地达到顶峰，"想死的心都有"。当真正跳下去后，她又释然了："不就是网球嘛，打不好就打不好，还能怎样呢？"

像一头困兽，除了和心魔作战，她还要面对软骨磨损、膝盖积水这一事实。第一次手术完，膝盖处接了一根管子专门用来排瘀血。她说，拔管子的时候就像是从身体里拿出一根骨头，整整休息了2个小时才缓过神来。后来，给膝盖抽水打针成了家常便饭。然而2010年的一场比赛后，医生刚一拔完针，"长颈鹿女孩"当场疼哭。站在一旁的丈夫姜山，看到医生从李娜膝盖里抽出来了两管半积水，"心都在哆嗦"。

重要的不是得冠军，而是成为冠军的过程。

在不断和自己较劲的过程中，李娜得到了技术和精神上的历练。2011年，在法国网球公开赛女单比赛中，她实现了心中的目标，加冕法网冠军。一时间，她走向哪里，镁光灯就照在哪里。

但是挫败接二连三地袭来。在长达 14 个月的"冠军荒"赛季里，她参加的很多比赛都是"一轮游"。

但她没有放弃自我救赎。2012 年，她遇到了自己的"福星"卡洛斯教练。卡洛斯像是一位精湛的手术科医生，他不仅一个个地去抠李娜的竞技动作，还迫使她去剖析心理，直面内心恐惧，让她听内心里的那头猛兽没有被满足的诉求。

"怨恨和逃避不是治愈的良方，只有真正放下，才是自我救赎的道路。"她说，拿自己开刀的过程很痛苦，但事后看，这一切很值得。她学会了解决问题而不是逃避问题，心有猛虎，细嗅蔷薇。她开始变得柔软，愿意坦露心扉，和自己对话。

当真正开始懂得享受网球后，赢球就不再是唯一的意义，她学会理性地去看待球场上的输赢，她也学会了欣赏对手，悦纳自己。

2013 年，李娜的世界排名首次跻身前三。2014 年，李娜获得了自己第二个大满贯女单冠军[1]，世界排名跃升至第二。

【知识链接】

[1] 大满贯 (Grand Slam) 是网球运动中的顶级赛事，运动员把获得大满贯冠军视作至高荣誉。唐纳德·布吉 (Donald Budge) 是历史上首位大满贯得主。

按照一年中开赛的先后顺序，网球四大满贯依次为：

1. 澳大利亚网球公开赛（Australian Open，简称"澳网"）：该赛事创办于 1905 年，比赛通常在每年 1 月的最后两周，在澳大利亚维多利亚州的墨尔本体育公园举行，是最年轻的大满贯。李娜曾是该赛事的推广大使。

2. 法国网球公开赛 (French Open，简称"法网"）：该赛事创办于 1891 年，通常于每年的 5 月至 6 月在法国巴黎罗兰·加洛斯球场举办，由于该赛事是网球比赛唯一一个在红土球场上进行的大满贯比赛，常被人称作红土赛事中的最高荣誉。由于红土场地球速较慢，参加比赛的选手需要有超群的技术和惊人的毅力。

3. 温布尔登网球锦标赛 (Wimbledon Championships，简称"温网")：该赛事于1877年创办，是历史最悠久、最具声望的世界性网球公开赛事，每年的6月或7月在英国伦敦郊区的温布尔登举办，是四大满贯中唯一的草地比赛。

4. 美国网球公开赛 (U.S. Open，简称"美网")：是每年度第四项也是最后一项网球大满贯赛事，通常每年8月底至9月初在美国纽约举行，该赛事经过组委会的不懈努力，已经从业余赛事发展到现在世界上奖金最丰厚的大满贯赛事，每年都能吸引超过50万的球迷到现场观看。

爱逛街爱美甲，享受网球带来的快乐

2014年，李娜正式宣布退役。她花了15年的时间让自己爱上网球，退役后的李娜，有一个心愿，建一所理想中的网球学校，让每一位球员能够真正享受网球带来的乐趣。美国《体育画报》记者曾说："在李娜退役后，中国网球肯定会经历阵痛期，要想在今后的国际网坛看到更多中国金花的身影，还要踏踏实实从青训抓起。"

退役后，她的身份变得更多元。作为退役运动员，她仍然每天坚持基本的体能训练，比如晨跑10公里；作为妈妈，她投入到养育孩子的热忱之中，她的育儿观得到了全网盛赞；作为女人，她喜爱逛街和美甲。

李娜带给中国乃至亚洲的影响，不仅仅体现在她的成绩刷新了中国和亚洲网球的历史，而且表现在作为职业运动员要有远大的梦想，要有坚强的竞技意志，作为普通人，要时刻不放弃，直面恐惧，成为更好的自己。

2019 年，李娜正式入选国际网球名人堂，成为亚洲网坛第一个享受此项荣誉的球员。

人生的路还很长，余下的征程，李娜逐渐活成了自己想要的样子，丰盈而又真诚。

【通识日课】

1. 在遇到挫折时，你有哪些解压方式？
2. 你如何理解"悦纳自己"这句话？

人生要读两本书，一本是"有字的书"，一本是"无字的书"。有字的书记载着古今中外的故事、案例，你可以借鉴，但千万不要照搬。无字的书就是阅历、能力和见识，我们每天看的电视，跟人相处，两个人的辩论……每件事都是一本书，要懂得从中汲取精华，将其中的学问和过去结合，这才叫智慧。

——福耀集团创始人、董事长曹德旺

从菜鸟到龙头的涅槃

【导读】

  2019年8月,纪录片《美国工厂》上映。这是一部讲述在2008年金融危机背景下,中国福耀玻璃集团接手美国俄亥俄州通用汽车一座废弃的工厂,将其改为玻璃制作工厂的纪录片。该片于2020年1月获得第72届美国导演工会奖最佳纪录片导演奖。纪录片中,福耀集团董事长曹德旺的故事引起了大家的兴趣。他从水表玻璃起步,转行汽车玻璃,一手创办的福耀玻璃集团已成为中国第一大、世界第二大汽车玻璃制造商。如今,在中国,每三辆汽车中,有两辆都在用福耀的玻璃。在全世界,每四块汽车玻璃中,就有一块是福耀玻璃。那么,少时吃苦,过了不少艰辛日子的曹德旺是如何从菜鸟蜕变成龙头的呢?

卖玻璃的赔不起一块汽车玻璃?

  1984年6月,曹德旺刚建了新的水表玻璃厂,到南平出差。抽空隙,去武夷山游玩。在景区旅游纪念品市场,他买了根竹根做的拐杖。因为母亲的脚时不时地浮肿,行走艰难,这根拐杖正好派上用场。付好钱,把拐杖当作扁担,挑了点东西。上车的时候,驾驶员吴峰突然说话了:"老曹,上车时小心一点,不要碰着车玻璃了。万一破了,你可赔不起。"

  "不会吧!不就是一块玻璃吗?我是做玻璃的,还会赔不起?"曹德旺一脸惊讶。吴峰继续说:"真的很贵!老曹,一片就要几千块钱呢。"

  曹德旺还是不信。回来后,便到汽车修理店去转了一转。这一转,还真让他大吃一惊:马自达汽车,换一块前挡玻璃,6000元。若要加急,8000元。这价格高得太离谱了！

当时，公路上跑着车大多是进口的，也有走私的。这些车，有便宜的，有贵的。但是无论什么车，如果玻璃破了，换起来都麻烦。因为当时没有国产玻璃，从日本进口的玻璃不仅很贵，而且通常等很长的时间才有货，所以那个时候可以看到，不论小轿车、越野车、大巴车、货车还是公交车，车窗玻璃破了就用胶带贴着。

为什么没有人做汽车玻璃？曹德旺脑子里打了一个大大的问号。

他估计了一下，1平方米的玻璃一块也就几元，加工一下，一块玻璃最多也就十几二十元的成本吧。那么多的汽车需要玻璃，如果一块卖几百元，这不仅替代了日本进口的汽车玻璃，让老百姓少掏腰包，自己还能赚钱，岂不美哉？

曹德旺越想越激动，心想一定要为中国做一片自己的汽车玻璃，让所有的中国人都能用得上，用得开心、用得安心。尽管此时他的水表玻璃厂才刚刚起步，他却已经下定决心做汽车玻璃了。他用最短的时间将建造汽车玻璃厂的设备材料准备好，比预期邀请技术人员安装设备的时间整整提前了5个月。上海耀华玻璃厂的副厂长石宏藏接到安装消息时，大声叫着："疯了，疯了！曹德旺居然现在要我们派人去组装，你们信吗？"先行过去打探情况的车间主任老山东一进曹德旺的工厂就惊呆了，工厂的地上摆着的不是一个个零散件，而是一个个总成，加工的精密度超乎想象，就等着技术人员来组装了！

曹德旺就是目标明确，说干就干，干就干好的人！1985年，为了突破技术壁垒，他勒紧裤腰带，从芬兰引进了最先进的生产设备，召集了全国优秀的技术能手，生产出的汽车玻璃供不应求。仅四个月时间，他就赚到了人生第一桶金70万元。从那时起，中国不再依赖进口汽车玻璃。1987年，福耀玻璃集团成立，从此，曹德旺便开始了他的半生玻璃缘。

自断手臂是为何？

福耀集团成立后，不断引入新技术、新设备，曹德旺以闪电般的速度成为中国最大的汽车玻璃供应商。到20世纪90年代初，日本汽车玻璃在中国市场上销声匿迹了。1993年，福耀玻璃集团登陆国内A股，是中国第一家引入独立董事的公司。福耀玻璃自2004年起两届被评为"中国名牌产品"，福耀集团2007年获得"CCTV年度最佳雇主"称号。

但是在福耀集团取得如此辉煌的成绩，又恰逢2008年中国首次举办奥运会，经济形势看似一片大好的情况下，曹德旺选择在2008年第四季度关掉4条建筑级浮法线[1]。在2008年初上证指数还是6000多点的时候，他居然预测2008年底股票会跌到2000点以下。凭什么他能作出与常人不同的判断？所有这一切，靠的就是他敏锐的洞察力。

早在2006年时，曹德旺就注意到中国出口贸易与国外的摩擦有加剧的迹象。国家还相继出台了劳保法、环保法、公路法等。他分析，人民币升值和劳动法规的执行，会影响经营出口企业的生产成本和人工成本，环保法的实施会增加企业在环保方面的投入，公路法的实施会促使每条公路都抓超载，使运输成本提高。总之，这方方面面的因素综合起来，企业成本在增加，利润在减少。因此，很多以出口为主的中小微企业都遇到了或多或少的麻烦，甚至很多企业都倒闭了。

一种莫名的危机感，席卷而来。

2006年12月，福耀集团向全体员工发出警告，并出台措施：1.抓紧在建工程扫尾，停止一切扩张性再投资，促进现金回流。2.全面清理应收账款，收窄销售信贷规模，严控风险。3.作好足够思想准备，必要时关闭低效益或亏损企业。4.展开一场以提升产品质量、降低成本为目的的全员培训，推动精细管理。2007年10月，他写了一篇《一叶知秋》的文章，前瞻性地预测了2008年全球经济危机，并提醒全体员工作好"越冬"准备。

2008年，曹德旺在集团管理层的反对声中，坚持关停4条建筑级浮法线。很多高层不解，表示反对，因为这4条线还保留在低利或低亏水平。也有人不理解明明现在股市还在 5500 点的高位，为什么他觉得股市会大跌？

曹德旺一一解释道，这4条线，虽然目前只是低利或低亏，但是过了奥运会就会大亏。在集团总量资产中如有个别企业亏损，就犹如人身上某个部位有伤口，管理者要考虑的是如何止血，而不是拼命吃，拼命造血，否则血会流得更多更快。他知道关掉4条线将损失 15 亿元左右，但是这些企业可以重组掉，残值还值 50% 左右。企业不在乎资产多少，但必须是优质资产，绝不允许有不良资产，哪怕暂时看似能赚点钱，但是实际上产生不了什么价值。他接着说："有人问，为什么股市现在还保持着高位，是预估错了吗？"不是。因为奥运会期间，需要一个牛市支持。他告诉大家应该学会透过热闹经济的表象去看问题。为什么在建筑旺季，建筑玻璃市场却疲软？这是因为需求少了。开发商减少建设或者项目开发了。房价会跟着股票下跌。如果真是预计的那样，建筑材料市场会怎样？福耀需要提前作好应对准备。

结果，形势和曹德旺估计的一样。奥运会结束，股价开始直线下跌，到 10 月份最低跌到了 1664 点。他开展的一系列自救措施，完善了经营管理，降低了各个环节的成本，帮助福耀集团及时止损，各项经济指标呈优化趋势。

曹德旺引领福耀集团获得的成绩，呈现出的企业家精神、企业家责任以及企业家的综合素质，使他在 2009 年 5 月荣获了商业界的奥斯卡奖——"安永全球企业家奖[2]"——这也是第一位华人获此殊荣。

> 【知识链接】
>
> [1] 浮法玻璃指用浮法成型生产的平板玻璃，其表面平整，厚度均匀。浮法玻璃的现用国家标准是 GB 11614-2009《平板玻璃》，其中的等级规定与原《浮法玻璃》不同，对应为：合格品——建筑级，一等品——汽车级，优等品——制镜级。
>
> [2] 安永全球企业家奖由国际四大会计师行之一的安永国际会计师事务所举办，首办于 1986 年的美国，现在该奖项已扩展至 50 个国家、140 个城市，历年来，全球有数百名最成功及最富创新精神的杰出企业家获此殊荣。安永全球企业家奖设立了六项入选条件：一、是否从无到有，白手起家；二、是否始终诚信经营；三、是否有良好的经营业绩；四、是否注重节能减排、环境保护；五、是否具有全球影响力；六、是否注重知识产权，可持续发展。
>
> 这项全球公认的奖项旨在表彰那些以超卓之远见、优异之领导才能和卓越之成就来激励他人的出色企业家，被商界确认为全球最具影响力的国际商业奖项之一，媲美电影界的"奥斯卡"。

与美国商务部打官司，胳膊能拧过大腿吗？

2001 年 2 月 28 日晚，曹德旺接到销售部经理黄中胜的报告，称刚从网上看到美国 PPG 正联合其他两家美国玻璃公司向美国商务部起诉中国玻璃供应商倾销。

第二天，他立刻组织公司各部门经理和集团高管开会。会上，大家对是否应诉，意见不一致，讨论激烈。第一种观点是不应诉。福耀玻璃在中国市场供不应求，内销利润比外销高。如果放弃打官司，还可以省去打官司的高额花销，免受胜负未卜的担忧。第二种观点是应诉。如果这次不积极应对，那就等于默认了倾销，将来任何时候都存在这个问题，而且会蔓延到其他国家，除非福耀从此退出国际市场。

曹德旺决定应诉，而且要组织最优秀的团队保证打赢这个官司。主要有三条理由：第一，如果放弃应诉，就等于退出国际市场。第二，美国是一个法制社会，靠证据说话。福耀从1999年开始使用ERP（Enterprise Resources Planning）信息管理系统，会计资料完整可信。第三，不去应诉，丢掉的不仅是国际市场，更是企业应该承担的维护国家尊严的责任。

2001年3月20日，美国商务部决定立案调查。曹德旺立刻按计划成立反倾销[3]领导小组，在美国聘请了美国GDLSK律师事务所最有经验的反倾销律师。他说："美国人拳头大，就可以欺负我哪？我就把事情捅大，让全世界来评评理！就是倾家荡产，我也跟他干！花再多的钱也不在乎，但中国人的骨气不能不在乎。打，一定要打赢！"

打反倾销官司时，很多人开始都很同情曹德旺。他说："你千万不要同情我，曹德旺活得很潇洒。我在和世界500强打官司，是和美国政府打官司，不是和街边卖菜的打官司。"

经过最初裁定和最终裁定，2002年2月12日，美国商务部认定原产于中国的ARG挡风玻璃正在或将要以低于公平价值的价格在美国市场上销售，福耀玻璃被裁定的倾销税率为9.67%，信义集团为3.70%，其他五家取福耀与信义加权平均值为8.22%，未应诉的企业倾销税率高达124.50%。3月15日，美国商务部对终裁作出修订，福耀的倾销税率增至11.8%。接到美国的终裁结果，其他中国企业退缩了，但福耀没有。他们以美国商务部裁决不公为由，将美国商务部告上了联邦巡回法庭。

12月，美国国际贸易法院作出初步裁决，对福耀状告上诉书上的9项主张中的 8 项予以赞同，同时发出命令书要求美国商务部对此案重新审理。反倾销组没日没夜地在办公室整理资料和数据。经过艰苦的努力，2004 年 10 月，美国商务部公布了对中国的汽车挡风玻璃行政复审的终裁结果，福耀玻璃出口至美国的汽车挡风玻璃 2001 年 9 月至 2003 年 3 月期间的终裁倾销率为 0.13%（小于 0.5% 即视为零倾销税率）。这意味着自终裁之日起，福耀玻璃不再按照 11.8% 预缴反倾税，同时，2001 年 9 月至 2003 年 3 月已缴纳的反倾销税将予以退还。

至此，福耀反倾销案，作为中国加入世贸组织以来第一个反倾销胜诉的案例，成为中国企业反倾销案的经典。曹德旺也成为首位告赢美国商务部的中国老总。

从这个案子中，曹德旺悟出了一些感受和想法。他认为，反倾销是一个政治问题，并不是单纯的商业问题。为了把企业拖垮，首先判你倾销。然后开出高额的税单，把企业拖垮。虽然应诉了，但如果交不起保证金，那就不行了。曹德旺想了个办法，找到银行开信用证，不交现金。到时候打赢了，信用证收回来就行了。为了打赢这个官司，他不畏艰难，一共花费了 1 亿多元人民币。另一方面，曹德旺希望有更多的企业对国外反倾销有更多的了解。2002 年 10 月，他成立了对外经济贸易大学福耀反倾销研究中心，希望为中国政府和企业培养更多反倾销领域的高级专门人才。

【知识链接】

[3] 反倾销是指对外国商品在本国市场上的倾销所采取的抵制措施。一般是对倾销的外国商品除征收一般进口税外，再增加附加税，使其不能廉价出售，此种附加税称为"反倾销税"。

白白到手的钱为何要还？

按照福耀的企业原则，经调研认为短时期内无法扭转的亏损企业会被关掉。

2009年春节后，通辽市的那顺孟书记听说曹德旺计划关掉通辽的两条建筑级玻璃浮法线，非常紧张。曹德旺解释说，通辽这条生产线已连续几个月，月月亏损，而且还没有找到解决亏损的办法，所以决定关掉。那书记沉思了许久，问他能否延迟一年关，如果一年后还是亏损，那就关掉。曹德旺说："那这一年的亏损您能否承担？不计较投资者资产损失，直接亏损应该在1500万至2000万元。"那书记立即答应，市里可以负责。第二天就先拨了1000万元支付第一季度亏损。

2009年8月的一天，曹德旺在查看通辽公司截至当年7月31日的财务报表时，发现赚了4800万元，其中包含市财政补贴的1000万元。他立马拿起电话，告诉通辽财务部，把那1000万元从利润科目放到应付款科目内，说："我去通辽的时候，要把钱还回市里。"

还钱？为什么？这是政府补贴给企业的钱，就属于企业了。财务部的人想不明白。

曹德旺到了通辽，和傅成钢市长吃饭时说，感谢国家的救市政策，房地产商热情高涨，因此通辽建筑玻璃不但没有亏，反而有很好的盈利。这次来一是感谢政府的补助承诺，保住了厂子，并且受益；二是把钱退回市里。傅市长说，这个钱本来就是用的工业扶持金，不用退。但是曹德旺认为，既然没有亏损，就不能留。那书记知道后，感慨万千。在一次全市经济会议上，连用了几个"想不到"形容此事。他为官多年，拨款无数，拨出去的款从来没有人退回来的。拿到了财政补贴，后又归还，只有福耀集团，只有曹德旺。真是没有想到，一家民营企业这么讲信用！

曹德旺认为，经商最重要的是经营信誉。一个人没有了信誉，就如同没有了生命。这笔钱是误判会亏损而补贴的，如今没有亏损就应该归还。讲信誉，才能赢得他人的尊重。在日后困难的时候，别人才可能理解并提供帮助。这也是在为自己留后路。

谁要是拿美国绿卡，谁就没有继承权

曹德旺认为，企业家精神不应是冒险，而应该是：挑战自我，挑战极限；谋求发展，兼善天下。

作为企业家，曹德旺带领福耀集团不断挑战，突破新技术，研发新产品，在中国和世界上多个国家开拓新的工厂与合作项目。他在不断谋求企业发展的同时，兼济天下。在他身上，充满了社会责任感和民族责任感。他说："我认为做人第一就是要有高度的社会责任感。在家里，为人子要尽人子之责，为人夫须尽人夫之责，为人父要尽人父之责；在社会上，要尽公民之责，要有强烈的民族和国家意识，这样你才会成功。"

1995年，曹德旺为了更好地经营企业，打入国际市场，全家移民，拿到了美国绿卡。到了2005年，福耀玻璃的全球业务突飞猛进，成了全球汽车玻璃行业的佼佼者。已经移民十年的曹德旺，意识到"福耀玻璃"将成为中国制造的代名词，无论如何他都不能让自己辛苦创建的福耀集团成为一个美国公司。于是他作出了一个惊人的决定：全家向美国移民局申请，退还美国绿卡，毅然回国。他对子女说，谁要是拿着美国绿卡，谁就没有财产继承权！

曹德旺认为，移民是小老板干的事，真正的企业家不能移民，他要对历史负责。他认为企业家应始终坚持三个信念："国家因你而强大，社会因你而进步，人民因你而富足。"

他是这么说的，也是这么做的。1983年，曹德旺捐出了第一笔善款。从此以后，他就一直力所能及地造福社会。到2020年，曹德旺累计个人捐款达100多亿元。2021年5月4日，他又捐出100亿元，成立福耀科技大学。该大学以理工科为主培养实用型人才，重点参考德国模式，为国家培养高级工程师和技工。

【知识链接】

曹德旺金句：

1. 我是从最底层上来的，这是我一生最大的财富。我最困难时，一天才赚2分钱。我结婚那天，才第一次穿上鞋，袜子还是我哥的。一包7分钱的香烟都买不起。

2. 我告诉我的员工和子女，人生每一天每一分钟的每一件事，都是你在盖历史大厦的每一块砖。某一段砖用坏了，做了坏事，你盖得很高的时候，高处不胜寒，压力一大，那个地方经不起推敲，大厦就这样摧毁了。

3. 我有事业，离不开政府的政策和社会各界的帮助，我欠社会的太多。人要有良心，我对社会始终抱着感恩的心，我是通过自己的力量来帮助社会。

4. 我是企业家，不是富豪。福耀在海外很有名。我到国外出访，外国人都很尊重我，他们认为你很不容易，了不起，20年时间就超过外国同行百年企业。你看，人家多尊重企业家。

5. 企业家若没有责任感，充其量是富豪。

6. 要做事先做人。我每次出差欧洲，第一站肯定是去圣戈班，看望他们的总裁，双方友谊非同寻常。即便是对手，你也应该尊重他。做生意不像别人想的那样你死我活，乘人之危，那你肯定"死"。到处坑人家，你肯定会"死"在人家手上。

7. 很多人说曹德旺没有读书，他们错了，曹德旺读的书比谁都多，我什么书都读，而且我悟性很高，记性很好。不管多忙，我保持每天读两个小时的书。有钱容易，有思想有境界不容易。

8. 我们要为中国人做一片自己的汽车玻璃，这片玻璃要代表中国人走向世界，展示中国人的智慧，在国际舞台上与外国人竞争。

9. 兴邦强国从我做起，我们国家14亿人，只要有5%的人能够从心里头喊出这句话，国家就有希望。

【通识日课】

1. 了解了曹德旺的故事后,你认为当代大学生应该怎样培养自己的创新意识?创业成功应具备哪些特质?

2. 2021年4月,寒门学子黄国平的博士论文"致谢"部分火了。他说:"我走了很远的路,吃了很多的苦,才将这份博士学位论文送到你的面前。二十二载求学路,一路风雨泥泞,许多不容易……"他曾经受过的苦,成就了他今日的成功。曹德旺也说过,苦难是人生的财富。你怎么看待苦难在人生旅途中的作用?

时光逝水去不归，尘湮青史几许悲。百业之艺智之慧，传承因之而声蜚。欲观一国民之俗，文化是其窗与扉。应使非遗遗于遗，莫令非遗遗之非。

——山水诗人李者也

他们个个身怀"独门绝技"

【导读】

他们有的站在时代前沿积极探索，成了网络名人；有的毕其一生孜孜不倦做着同一件事，成了工艺大师。

他们身怀绝技，各显神通，用竹漂出水上人生，用面捏出万千形态，用蓝做出花花世界。

他们以匠心守初心，以初心致创新，重新拾起我们遗失的美好。

他们带着情感和梦想，带着记忆和温度，用心守护和传承。

他们有一个共同的名字——非遗传承人。

"碧波仙子"水上飘

"窈窕独竹漂，白鹤凌江澹。玉手芊芊执琅玕，蝶恋娥眉盼。"

——抖音网友@心怀诗意

翩若惊鸿，宛若游龙。

这是网友对贵州非物质文化遗产独竹漂传承人杨柳的赞誉。2020年疫情期间，这位95后姑娘开始将自己独竹漂表演的视频上传到抖音和B站，视频中的她脚踩一根长长的竹筒，身穿唯美的表演服装，有时如轻纱遮面的神秘女侠在水面上凌波微步，有时又如白衣仙女在水面上翩翩起舞，让网友不觉惊呼"碧波仙子""仙女下凡"，还有网友为她作诗感慨"窈窕独竹漂，白鹤凌江澹""一杆点得青山退，独木载得红衣归"。

这些视频让杨柳迅速火遍全网，火到国外，让更多人认识了她，也让更多人认识了这项发源于赤水河流域的黔北民间绝技独竹漂。起初，独竹漂是赤水河流域沿线群众的一种水上出行方式。其后，随着交通条件的改善，流传下来的独竹漂便成为当地群众独有的运动及表演项目。

1996年，杨柳出生在贵州省遵义市。小时候的她，身体比较瘦弱，为了强身健体，担任遵义市游泳协会会员的奶奶，动了让她练习独竹漂的念头。"我7岁开始练习，很辛苦，冬天冷、夏天晒，也动过放弃的念头，童年的记忆就是不停掉水、爬上竹竿、又掉水，在无数次的掉水中，练习了3年，才逐渐掌握了基本技巧。"杨柳回忆道。

为了掌握更多的独竹漂技巧，杨柳要在一根长9米、直径约15厘米的竹筒上练习各种高难度的动作。杨柳说记不得在竹子上摔过多少次，也记不清在多少河流和水面上练习过，只是脚踩的竹筒在十分爱护的情况下也已经换了50多根，身上经常是旧伤未好又添新伤，至今还留有练习时摔伤的疤痕。

随着技术的娴熟，传统的独竹漂技巧已经满足不了杨柳，她开始萌生创新的想法。在奶奶的鼓励下，从小学习民族舞、现代舞、芭蕾舞的她开始尝试将舞蹈与独竹漂表演融合。然而将舞蹈元素融入独竹漂并不是一件容易的事情。"比如说现在的足尖鞋都是用石膏做的，遇水会融化，所以尝试了很多的方法，最终是用一些塑料袋、塑料胶、塑料薄膜把脚缠住，这样可以改善芭蕾舞鞋进水的情况。"

"因为从小看武侠电视剧，就觉得中国文化博大精深，所以我也想把我喜欢的一些武侠梦通过独竹漂呈现出来，让更多的人看到这样一个中国梦、武侠梦。"为了还原心中那个逍遥自在的武侠世界，还原那些名流千古的时代，杨柳又想到将同样有千年历史的汉服加入到独竹漂表演中。

同时，为了获得更多的观众，杨柳还将老年人喜欢的戏曲也加入其中。功夫不负有心人，在日复一日的刻苦练习中，她终于成功地将这些"加法"与独竹漂完美结合，每次在水上的表演，都让观众"眼前一亮、大开眼界"。

杨柳将独竹漂与民族文化相融合，不仅让这项非遗绝技在运动性的基础上增添了美感与观赏性，更是一种很好的传承与创新，同时赋予了独竹漂全新的时代内涵。

新潮95 "面人郎"

爷爷创造了"面人郎"，父亲一直也在为传承"面人郎"而努力。从小看着父辈作品长大的我，很自然地就想要坚持做面人。

——郎佳子彧

方寸之间，别有洞天。

这是郎派面塑给人的印象，2008年6月，该项艺术被列入国家级非物质文化遗产。作为郎派面塑第三代的唯一传人，那年13岁的郎佳子彧兴奋极了。16岁时，他被北京市民间艺术家协会破格吸收为准会员，18岁转为正式会员。

郎佳子彧的爷爷郎绍安是北京"面人郎"的创始人，父亲郎志春在继承郎派面塑技术娴熟、精巧细致的基础上，融入了更多的艺术元素，现为中国高级工艺美术师。受家族影响，郎佳子彧很早就对面塑产生了浓厚的兴趣，3岁时看着父亲捏面人儿，5岁时正式开始跟随父亲学习面塑，如今他和"面人"打了20多年交道，已是一位资深手艺人。

身高一米九、"95后"、北大研究生、文艺体育发烧友、演过话剧、剪过片子……看上去和流行文化更为接近的他打破了手艺人"年纪略大""古旧"的刻板印象。而正是这种年轻和传统的碰撞，让他在传承面塑艺术的过程中进行着大胆的探索。

"新题材老手艺"和"老题材新做法"是郎佳子彧对面塑艺术进行创新的重要形式。

所谓"新题材老手艺"指的是将面塑与人们熟悉的动漫人物形象、电影人物形象以及生活化的场景结合。例如他创作的《灌篮高手》里主角形象的面人、呆萌的卡通形象熊本熊、《哪吒之魔童降世》中的"烟熏妆"哪吒、球鞋面塑《WE ARE JORDAN》、经典表情包"葛优躺"，以及反映现代人深陷手机无法自拔的人物作品等。但在郎佳子彧看来，这还不能算是真正的创新，因为不管是新题材还是老题材，这类面塑都比较具象，未打破传统面塑注重写实、情景重现和刻画细节的特点。

"老题材新做法"的典型代表是郎佳子彧设计的新形象——《山海经》中的"南方祝融"。"最难的是从无到有的过程，《山海经》里的描述就一行字，'南方祝融，兽身人面，乘两龙'，历代那么多人阐述过，我想从已有的框架中跳出来，把无变成有。"于是他重新设计书中描述的形象，加入自己的内心感受，让自我表达占据上风，再以面塑手法呈现出来。郎佳子彧发现现代人欣赏艺术的观念已经改变，作品传达的意义更加重要，现代人更喜欢强烈的观点和视觉的刺激，因此在创作过程中会融入新的设计理念，让面塑成为会说话、能表达的艺术。

除了创作上的创新，郎佳子彧在面人技艺传播方面也走在了时代前沿，他利用短视频、直播等新形式展示面人制作，让更多人了解并爱上了面塑。他说："我要用年轻人勇往直前的精神，来继承和发扬优秀传统文化。"大四下学期，他和几个好朋友一起组建了团队,开设了公众号,做一些关于捏面人的短视频进行传播。初期的主题以教授简单易操作的卡通面人为主,但是渐渐地,郎佳子彧对于同质化的教学有些厌倦,他开始不断挑战自己,追寻更加吸引人的拍摄选题。"如果仅拍摄传播手工课的话,小课堂的传播就是单向的,缺乏互动性,于是我们想到每期去不同的地点,教授不同身份的人学习捏面人,在每一个地方让传统与潮流发生碰撞。"他开始在纹身店里制作面塑日式传统面具,在改装车店里制作面塑赛车刹车盘,这些时尚题材创作成为了面塑艺术推广的良好方式。

"非物质文化遗产作为一种手艺,被更多人看到是最重要的。有100个人看到,可能就有10个人喜欢,有一个人愿意来学,那就能传下去了。"

传承守望"蓝痴汉"

> 吴元新几乎每一分钟都要提到蓝印花布,他怕一不讲"蓝印花布"这四个字,蓝印花布就没了。
>
> ——冯骥才

悠悠濠河畔,蓝印花布馆。

蓝印花布又称"靛蓝花布",是用板蓝根的叶子蓝草印染而成,在一千多年前的中国唐代就已经流行于民间。它与百姓的生活关系非常密切，主题多为平安、吉庆、富贵、福禄、长寿、爱情等，比如《状元及第》《鲤鱼跳龙门》《凤戏牡丹》的被面、《喜鹊登梅》的帐檐、《吉庆有余》的腰裙、《梅兰竹菊》的枕套、《富贵满堂》的门帘、《长命百岁》的棉袄、《和合二仙》的桌布……每一幅图案都寄寓着普通百姓的美好理想与诚心祝愿。

对蓝印花布这项国家级非物质文化遗产的传承与创新，离不开一个人的努力，他就是中国工艺美术大师、南通蓝印花布博物馆馆长、蓝印花布技艺国家非遗代表性传承人——吴元新。文学大家冯骥才说："吴元新几乎每一分钟都要提到蓝印花布，他怕一不讲'蓝印花布'这四个字，蓝印花布就没了。"更是赐予他"蓝痴"的绰号。

20世纪80年代，吴元新就开始挨家挨户收集蓝印花布，为了收藏一幅《吉庆有余》的蓝印花布被面，他曾在海门的田间小路上徒步了20多公里，找到了家中藏有那条被面的80岁的老太太；当听说启东永阳乡有一幅"凤戏牡丹"的包袱布，他顶着酷暑一家家询问，终于求到了这块蓝印花布与刺绣结合的珍品包袱布；为了收到启东惠和镇一家的一对清代刺绣结合的蓝印花布枕套，他能连去八九趟，老太太终被吴元新的诚心所感动……就这样，一幅幅被面，一件件包袱布，一条条帐檐，一块块零碎布头，在他的手中得以保存下来，成为了珍贵的收藏。如今，他的蓝印花布博物馆里，收藏着历代蓝印花布精品、绝版逾万件，夹缬[1]、绞缬[2]、民间彩印等传统印染工艺藏品十万多个纹样；陈列着上千种蓝印花布制品、图片，以及古旧纺纱机、织布机，还有自主品牌生产的蓝印花布产品。

吴元新说："蓝印花布原来都是民间的生活用品，家里的衣服、被面、包袱布、帐檐、蚊帐、门帘、头巾，在生活中间无所不在。"正是秉承着"源于生活、归于生活"的理念，吴元新在传承的基础上，赋予蓝印花布新的活力，吸收了现代语言进行新的设计，形成了满足当代人审美取向和生活需求的新的日用品、家居饰品、工艺摆件等作品。他先后开发了台布壁挂系列、包袋系列、丝巾领带系列、鞋帽系列、玩具系列、工艺品系列等六大类千余个品种。

刻版、上铜油、湿布、和浆、刮浆、晾干、染色、晾晒、刮白，是蓝印花布必不可少的九道工序，其最终成品一般只有一种蓝色。而现在，吴元新带领着他的团队开发了二次上浆、三次刻板、二次染色的复色系列，可在同一块布上同时染出多种层次的蓝色，为喜欢蓝白搭配的审美需求提供了更丰富的选项，纹样和图案也愈发多元。

值得一提的是，吴元新设计的《年年有余》饰品、《凤戏牡丹》《喜相逢》桌旗系列三件作品被国家博物馆收藏。这是新中国成立以来，现代蓝印花布作品首次亮相国家博物馆。

在中国百姓千余年的平凡生活之中，蓝印花布熠熠生辉，近几十年，它开始在生活中渐渐消失，从历史的舞台上消退。吴元新把它拾起，收藏、抢救、传播、制作、创新、研究，串起了一个完整的传承链条，留住了蓝印花布的古老技艺，也使得蓝印花布得以活态传承，历久弥新。

【知识链接】

[1] 夹缬：中国最古老的"三缬"（绞缬、蜡缬、夹缬）之一，其历史可上溯至东汉时期，"缬"专指在丝织品上印染出图案花样。夹缬便是用二木版雕刻同样的花纹，以绢布对折，夹入此二版，然后在雕空处染色，成为对称花纹。

[2] 绞缬：又名撮缬、撮晕缬，民间通常称之为"撮花"，是一种把布料的局部进行扎结、防止局部染色而形成预期花纹的印染方法。它的操作顺序是先把布料上的某些部分用针线穿缝或结扎起来，防止它染色。这样经印染处理，最后布料上就出现了由深而浅、具有晕渲效果的花纹。

中华文化源远流长，每一项传承下来的技艺都经过了岁月的洗礼，蕴含着丰富的中国传统文化内涵。传承的更迭如同一把把薪火，正是这样一群非遗传承人在坚守与创新中不断让这些快要遗失的美好闪闪发光，让一项项技艺都显得弥足珍贵。

【通识日课】

1.请你在寒暑假期间探索一下自己家乡的非物质文化遗产，并拍成小视频，同大家分享。

2.请你选择一项感兴趣的非物质文化遗产项目，撰写一份"互联网＋非物质文化遗产"大学生创新创业计划书。

参考文献

1. 曹德旺. 心若菩提 [M]. 北京：人民出版社，2014.

2. 樊锦诗. 我心归处是敦煌 [M]. 南京：译林出版社，2019.

3. 李娜. 独自上场 [M]. 北京：北京联合出版公司，2019.

4. 《屠呦呦传》编写组. 屠呦呦传 [M]. 北京：人民出版社，2015。

5. 王宏甲. 中国天眼：南仁东传 [M]. 北京：北京联合出版社，2019.

6. 王艳明. 誓言无声铸重器：黄旭华传 [M]. 北京：中国科学技术出版社，2017.

7. 吴良镛. 良镛求索 [M]. 北京：清华大学出版社，2016.

8. 熊杏林. 程开甲的故事 [M]. 北京：人民出版社，2018.

9. 杨建邺. 杨振宁传 [M]. 上海：生活. 读书. 新知三联书店，2015.

10. 张文卓. 大话量子通信 [M]. 北京：人民邮电出版社，2020.

11. 张月娇. 我的人生路：张月娇大法官自传 [M]. 南京：江苏人民出版社，2020.